ORGANISATION PÉDAGOGIQUE

ET

Programmes d'Enseignement

DES

ÉCOLES PRIMAIRES ÉLÉMENTAIRES

DU

Département des Basses-Alpes

Prix : 0 fr. 75

DIGNE
Imprimerie VIAL, rue Capitoul
—
1895

ORGANISATION PÉDAGOGIQUE

ET

Programmes d'Enseignement

DES

ÉCOLES PRIMAIRES ÉLÉMENTAIRES

DU

Département des Basses-Alpes

Prix : 0 fr. 75

DIGNE
Imprimerie VIAL, rue Capitoul
—
1895

OBSERVATIONS GÉNÉRALES

Le règlement spécial que nous publions à l'usage des Instituteurs et Institutrices des Basses-Alpes et qui concerne l'organisation pédagogique des écoles primaires élémentaires du département, a été établi d'après le plan d'études du 18 janvier 1887 et arrêté par le Conseil départemental, dans sa séance du 17 janvier 1894, conformément aux dispositions de l'article 16 de la loi du 30 octobre 1886.

Ce règlement d'organisation pédagogique a été élaboré par une commission composée de l'Inspecteur d'académie, des Inspecteurs primaires, de la directrice et des professeurs de l'École normale de Digne. Un certain nombre d'Instituteurs ont été appelés à collaborer, pour quelques parties, à l'œuvre commune. C'est dire qu'on s'est avant tout préoccupé de mettre ce travail en harmonie complète avec les besoins particuliers de nos écoles.

Aussi, la nécessité de tout subordonner aux exigences scolaires de ce département et, d'autre part, des raisons d'ordre matériel nous ont forcés de ramener à leur plus simple expression les éléments de cette organisation pédagogique. Ainsi elle ne s'applique qu'aux écoles primaires élémentaires ; pour les écoles maternelles et les classes enfantines, d'ailleurs peu nombreuses, des programmes distincts seront rédigés ultérieurement. D'autre part, nous n'avons donné aux différentes parties de ces programmes tous les développements nécessaires que pour deux cours de l'école primaire : le *cours élémentaire* et le *cours moyen* qui seuls existent dans toutes nos écoles ; pour le cours supérieur, qui n'est véritablement organisé. que dans un très petit nombre d'entre elles, on s'est contenté de donner des indications très sobres et d'un caractère plus général. Enfin, comme il n'y a guère que des écoles à un seul maître dans la grande majorité des communes, on a dû se préoccuper de rédiger ces programmes (et spécialement le programme du cours élémentaire) de manière à faciliter les leçons communes aux différentes sections.

On ne pouvait songer non plus à établir une *répartition mensuelle* des différentes matières ; pour celles là seulement dont l'étude offre quelques difficultés, on a indiqué une répartition trimestrielle. D'une part, en effet, l'extrême diversité que présentent nos écoles, au point de vue de la fréquentation scolaire, rendrait inapplicable une répartition uniforme ; on a voulu, d'autre part, pour laisser aux maîtres la part d'initiative qui leur revient et les associer d'une manière plus directe à ce travail, les mettre à même d'étudier de plus près l'organisation pédagogique qu'ils sont chargés d'appliquer. Aussi, conformément aux instructions données dans les dernières conférences pédagogiques et rappelées dans la circulaire du 26 novembre 1894 (*Bulletin*, n° 6), chaque instituteur, chaque institutrice devra, pour son école ou sa classe, répartir les matières de chaque cours dans les divers mois de l'année scolaire, suivant sa convenance et celle de ses élèves, en tenant compte des intérêts de l'école, de la fréquentation, en un mot, de toutes les circonstances, locales: cette répartition mensuelle ne sera applicable dans chaque école qu'autant qu'elle aura reçu l'approbation de l'Inspecteur primaire.

Les différentes matières du programme sont réparties en trois chapitres correspondant aux divisions même du règlement de 1887 : *éducation physique, éducation intellectuelle, éducation morale.*

On a suivi à peu près exactement l'ordre et la répartition établis par ce même règlement.

L'éducation physique comprend : gymnastique (garçons et filles) économie domestique et hygiène, travaux manuels (filles).

L'éducation intellectuelle comprend : lecture, écriture, langue française, instruction civique, histoire, géographie, calcul et système métrique, puis la géométrie, le dessin et le travail manuel (pour les garçons) réunis dans un même tableau, enfin les sciences physiques et naturelles et le chant.

L'éducation morale « destinée à compléter et à relier tous les enseignements de l'école » garde, comme il convient, une place à part, non pas à la fin, mais au sommet de toute l'organisation pédagogique, dont elle doit être le couronnement.

Ainsi il n'a paru ni possible, ni nécessaire, malgré l'insuffisance et l'irrégularité de la fréquentation, de sacrifier aucune des matières que la loi organique de 1882 a rendues obligatoires. Si l'on s'est efforcé ici « d'alléger et de simplifier » les programmes, ce n'est pas en réduisant le nombre des matières à enseigner, mais en visant à rendre le développement de chacune d'elles aussi clair, aussi simple, aussi pratique qu'il était possible. Cette réserve faite, nous estimons qu'on ne peut toucher à l'œuvre pédagogique de 1882; destinée à former l'homme complet, elle est elle-même un tout complet, dont on ne saurait rien distraire, sans compromettre la puissance de l'ensemble. Le but de l'enseignement primaire, c'est de donner « aux enfants du peuple une culture appropriée aux besoins d'un nouvel état politique et social » et il est aisé de voir que toutes les matières du programme concourent à cette fin. Il n'est pas jusqu'aux matières dites accessoires, telles que le chant, le dessin, qui ne doivent être respectées ; car elles servent à former le goût de l'enfant et à lui donner, dans une certaine mesure, l'amour des choses de l'art ; or « les joies que donne l'art doivent d'autant plus être procurées aux enfants du peuple que la vie leur en promet moins d'autres. »

Cela dit, il est évident que les instituteurs ne devront pas se considérer comme enchaînés par les termes même du programme et qu'ils ne se croiront pas obligés d'aller jusqu'à ses extrêmes limites. Ce programme comporte un *maximum* de connaissances qui pourra être atteint dans un certain nombre d'écoles mais qui ne saurait être dépassé, « l'objet de l'enseignement primaire n'est pas d'embrasser sur les diverses matières auxquelles il touche tout ce qu'il est possible de savoir, mais de bien apprendre dans chacune d'elles ce qu'il n'est pas permis d'ignorer. » Entre ces deux limites extrêmes, *entre ce qu'il est possible d'enseigner à l'école et ce qu'il n'est pas permis d'ignorer,* l'espace est assez large pour que les instituteurs puissent s'y mouvoir librement. Il y a là une question d'adaptation dont les éléments sont complexes : le maître consultera ses propres forces, tiendra compte du temps dont il dispose, des besoins et des facultés de ses élèves. Il s'attachera surtout à ne prendre des programmes que ce qui est assimilable à la moyenne des élèves ; car « le maître ne peut se donner à quelques-uns, il se doit à tous ; c'est par les résultats obtenus sur l'ensemble de sa classe et non pas sur une élite seulement que son œuvre pédagogique doit être appréciée ».

Ce qui n'est pas moins important que la mesure à garder dans l'application des programmes, c'est la manière de les interpréter et le moyen de leur faire produire tous les effets attendus ; c'est, en un mot, la nécessité « d'imprimer à tout l'enseignement un caractère nettement pratique »,

On ne saurait mieux faire que de renvoyer encore, sur ce point, aux directions qui accompagnent le règlement de 1887 : « L'idéal de l'école primaire n'est pas d'enseigner beaucoup, mais de bien enseigner.... il faut qu'elle assure à l'enfant tout le savoir pratique dont il aura besoin dans la vie... une somme de connaissances appropriées à ses futurs besoins. » L'école n'est pas l'atelier, et cependant elle doit préparer dans chaque enfant un bon ouvrier ; l'instruction primaire n'est pas l'apprentissage d'un métier, mais elle doit être l'apprentissage des qualités nécessaires dans tous les métiers. Il faut donc que les devoirs, les leçons, la plupart des exercices scolaires soient orientés vers une fin pratique. Dans les leçons et les exercices de l'école, tout ce qui n'est pas une préparation plus ou moins immédiate à la vie pratique, tout ce qui ne contribue pas à la formation de l'esprit ou du caractère doit être rigoureusement proscrit par le maître. D'ailleurs, rendre l'enseignement plus pratique, le peupler de choses familières à l'enfant, c'est le rendre plus vivant, plus intéressant et par suite, plus profitable.

Il est donc plus nécessaire de se pénétrer de l'esprit du programme que d'en suivre mot à mot tous les développements. Si l'on a cru devoir énumérer, pour chacune de ses parties, un certain nombre de points fondamentaux, c'est pour guider, non pour gêner la libre initiative du maître. On s'est simplement proposé, en marquant dans leurs traits essentiels l'ordre et l'importance des leçons, de préciser les indications nécessairement très générales du plan d'étude officiel, et cela pour faciliter au maître l'accomplissement de sa tâche ; mais, il est bien entendu qu'on ne sera pas tenu de respecter rigoureusement l'ordre et l'importance respective attribués, dans chaque matière, aux différentes leçons.

La même observation s'applique *aux conseils et directions*
dont on a fait précéder le développement de chaque matière.
Assurément l'on ne pouvait avoir la prétention de conden-
ser, en quelques lignes, toute la substance de la science
pédagogique, encore moins de les présenter sous la forme
d'axiomes indiscutables ; il n'en est pas moins vrai que ces
quelques points de méthode pourront rendre des services
appréciables à tous les instituteurs, en provoquant chez les
uns l'effort ou la réflexion sur leur propre méthode, en
suppléant à l'inexpérience des autres et en montrant la
voie à ceux qui la cherchent encore. Il doit en résulter,
d'autre part, une certaine unité de direction pédagogique
pour toutes les écoles du département et la connaissance
exacte, pour tous les instituteurs, des règles essentielles
dont les Inspecteurs primaires peuvent exiger l'application.
Ces directions particulières ne dispensent pas les maîtres
— bien au contraire - - de se reporter aux instructions
générales contenues dans l'arrêté organique du 18 janvier
1887 (notamment les art. 13 et 15) et dans le règlement
annexé à cet arrêté.

Enfin, il est de toute évidence que programmes, méthodes
et directions seront impuissants et sans efficacité, s'ils ne
réussissent pas à éveiller la curiosité de ceux à qui on les
destine, si, d'autre part, les maîtres ne se montrent pas
préoccupés d'améliorer leur enseignement, par le développement incessant de leur instruction personnelle, par une
préparation sérieuse de la classe, par le continuel souci de
varier et d'enrichir leurs procédés pédagogiques: l'écueil
à éviter ici, plus que partout ailleurs, c'est la routine, c'est
l'usure et la fatigue qui gagnent une grande partie des
maîtres à la répétition quotidienne des mêmes besognes
machinalement exécutées. — Ils trouveront au contraire,
dans un constant effort vers le mieux, toutes les satisfactions

morales et professionnelles que leur réserve la mission d'éducateurs.

Digne, le 17 janvier 1894.

L'Inspecteur d'Académie,

C. PELTIER.

Extraits de l'arrêté organique du 18 janvier 1887

Art. 12. — Toutes les fois qu'un même cours comprendra deux classes, l'une formera la première année du cours, l'autre la seconde.

Ces deux classes suivront le même programme, mais les leçons et les exercices seront gradués de telle sorte que les élèves puissent, dans la seconde année, revoir, approfondir et compléter les études de la première.

Art. 14. — Chaque année, à la rentrée, les élèves, suivant leur degré d'instruction, sont répartis par le directeur dans les diverses classes des trois cours, sous le contrôle de l'Inspecteur primaire.

Le certificat d'études donne droit à l'entrée dans le cours supérieur.

Art. 18. — Au commencement de chaque année scolaire, le tableau de l'emploi du temps par jour et par heure est dressé par le directeur de l'école, et après approbation de l'inspecteur primaire, il est affiché dans les salles de classe.

Art. 19. — La répartition des exercices doit satisfaire aux conditions générales ci-après déterminées :

1° Chaque séance doit être partagée en plusieurs exercices différents. coupés par les récréations règlementaires ;

2° Les exercices qui demandent le plus grand effort

d'attention tels que les exercices d'arithmétique, de grammaire, de rédaction, seront placés de préférence le matin, ou, dans les écoles de demi-temps, au commencement de la classe ;

3° Toute leçon, toute lecture, tout devoir, sera accompagné d'explications orales et d'interrogations ;

4° La correction des devoirs et la récitation des leçons ont lieu pendant les heures de classe auxquelles se rapportent ces devoirs et ces leçons. Dans la règle, les devoirs sont corrigés au tableau noir en même temps que se fait la visite des cahiers. Les rédactions sont corrigées par le maître en dehors de la classe ;

5° Les 30 heures de classe par semaine (non compris le temps que les élèves peuvent consacrer, soit à domicile, soit dans les études surveillées, à la préparation des devoirs et des leçons) devront être réparties d'après les indications suivantes :

I. — Il y aura, chaque jour, dans les deux premiers cours une leçon, qui, sous la forme d'un entretien familier, ou au moyen d'une lecture appropriée, sera consacrée à l'instruction morale. Dans le cours supérieur, cette leçon sera, autant que possible, le développement méthodique du programme de morale.

II. — L'enseignement du français (exercices de lecture, lectures expliquées, leçons de grammaire, exercices orthographiques, dictées, analyses, récitations, exercices de composition, etc., occupera tous les jours environ deux heures.

III. — L'enseignement scientifique occupera en moyenne, et suivant les cours, de une heure à une heure et demie par jour, savoir : trois quarts d'heure ou une heure pour l'arithmétique et les exercices qui s'y attachent, le reste pour les leçons de choses et les premières notions scientifiques.

IV. — L'enseignement de l'histoire et de la géographie, auquel se rattache l'instruction civique, comportera environ une heure de leçon tous les jours.

V. — Le temps consacré aux exercices d'écriture proprement dits sera d'une heure au moins par jour dans le cours élémentaire et se réduira graduellement à mesure que les divers devoirs dictés ou rédigés pourront en tenir lieu.

VI. — L'enseignement du dessin, commencé par des leçons très courtes dès le cours élémentaire, occupera dans les deux autres cours deux ou trois leçons chaque semaine.

VII. — Les leçons de chant occuperont de une à deux heures par semaine, indépendamment des exercices de chant, qui auront lieu tous les jours, à la rentrée et à la sortie des classes.

VII. — La gymnastique, outre les évolutions et les exercices sur place qui peuvent accompagner les mouvements de classe, occupera tous les jours ou au moins tous les deux jours une séance dans le courant de l'après-midi.

IX. — Enfin pour les garçons aussi bien que pour les filles, deux ou trois heures par semaine seront consacrées aux travaux manuels.

Voir aussi, pour l'organisation intérieure, la discipline, etc., de la classe, le *Règlement des écoles publiques du département des Basses-Alpes*, inséré au *Bulletin départemental*, n° 4 de l'année 1891.

EDUCATION PHYSIQUE

Gymnastique

CONSEILS ET DIRECTIONS

1. On dit que les élèves des écoles font assez de gymnastique naturelle. C'est une erreur ; car s'il est vrai que nos élèves se donnent beaucoup de mouvement, il n'est pas moins vrai que ce sont presque toujours les mêmes membres qui sont en exercice.

2. La série des mouvements qui doivent être exécutés à l'école a pour but d'assurer le développement de toutes les parties du corps et l'accomplissement irréprochable de l'acte de la respiration, un des plus importants de la vie animale. Au cours des exercices de gymnastique, il se fait une dépense considérable de force qui a sa répercution sur la circulation. Celle-ci est beaucoup plus active qu'à l'état de repos ; il faut, comme conséquence, que la respiration amène au poumon une quantité d'air beaucoup plus considérable, si on veut éviter l'essoufflement. Il faudra donc veiller à ce que les enfants respirent longuement et profondément afin qu'il ne se produise pas de troubles préjudiciables à la santé.

3. Le maître doit toujours exécuter lui-même en avant de

la section le mouvement commandé en même temps qu'il l'explique. Il aura soin de se tenir, en exécutant ce mouvement modèle dans la même position où sont les élèves. Il évitera donc de se tourner vers eux.

4. Pour les garçons on donnera plus de soin aux exercices de marche et aux mouvements d'ensemble. Pour les filles on s'attachera surtout à la bonne exécution individuelle des exercices d'assouplissement et d'équilibre.

5. Les exercices de natation seront d'abord exécutés à sec et les maîtres qui conduiront leurs élèves à la baignade prendront toutes les précautions nécessaires pour éviter les accidents.

6. Les instituteurs et institutrices ont tout avantage à suivre avec précision les indications des *manuels officiels*. Ils devront veiller à ce que les différents exercices soient exécutés avec autant de perfection que possible. Se contenter ici d'un à peu près serait manquer complètement le but à atteindre.

Les exercices devant être collectifs il n'y a pas lieu d'établir des programmes distincts pour les différents cours.

1. Formation de la section, alignement.

2. Quart de tour, demi-tour.

3. Marches, doublement des files.

4. Mouvements de la tête, du tronc, des bras, des jambes.

5. Flexions du corps.

6. Mouvements des bras en marche.

7. Courses, pas gymnastique, courses sinueuses, en spirale.

8. Sauts en largeur, en profondeur.

9. Exercices d'équilibre.

10. Natation.

Économie domestique et hygiène (Filles)

CONSEILS ET DIRECTIONS

Les notions d'économie domestique et d'hygiène contenues dans ce programme sont naturellement destinées plus spécialement aux jeunes filles ; toutefois, il ne sera pas superflu d'appliquer à l'usage des garçons une partie de ces notions, notamment celles qui visent les soins de propreté personnelle, les règles générales de l'hygiène et les soins à donner aux malades.

1° Il est expressément recommandé aux maîtres et maîtresses de veiller avec le plus grand soin à l'observation des règlements et arrêtés concernant l'hygiène et la propreté des écoles et des écoliers. Nul programme, plus que celui-ci, n'a besoin de revêtir un caractère essentiellement pratique. Pour ceux qui connaissent certaines régions de ce département, ces recommandations ne seront pas regardées comme superflues. C'est à l'école d'exercer, à ce point de vue, sur le dehors une salutaire influence.

Le développement, assez étendu, qui a été consacré aux règles essentielles de l'hygiène, aux soins à donner en cas de maladie, était imposé par les conditions spéciales dans lesquelles se trouve notre région.

2° En ce qui concerne les notions d'économie domestique, on recommande spécialement aux institutrices de ne pas se borner à un exposé théorique. Il sera bon de donner, à l'appui de chaque leçon, de petits travaux d'application à faire, soit à l'école, soit à la maison. Les élèves retireront de cet enseignement ainsi compris un profit certain, et les institutrices elles-mêmes ne pourront qu'y gagner en autorité morale et en considération.

3° Faire très minutieusement l'inspection de propreté.

4° En cas d'accident ou de fatigue, soigner les enfants d'une manière intelligente et montrer aux plus âgées de quelle façon on procède.

Cours moyen et cours supérieur

Notions très simples sous forme de leçons de choses avec applications :

1° TENUE DE LA MAISON

Aération : Ouvrir les fenêtres en toute saison et dans toutes les pièces le plus longtemps possible. Faire pénétrer l'air et le soleil particulièrement pendant le nettoyage.

Propreté : Blanchissage des murs à la chaux une fois par an.

Epoussetage des murs et des rideaux, lavage des vitres une fois par mois au moins.

Balayage du sol tous les jours (différentes sortes de balais).

Lavage de la cuisine tous les jours, des autres pièces une fois par semaine ou une fois par mois suivant qu'elles sont plus ou moins habitées : on se sert pour cela de savon, de potasse, de cristaux de soude etc.... Déplacer les meubles de temps en temps pour nettoyer à fond, dessous et derrière.

Epoussetage et entretien des meubles ; employer le torchon de préférence au plumeau qui ne fait que déplacer la poussière. Nettoyer de temps en temps les meubles avec du pétrole et de l'essence de térébenthine mélangés par parties égales.

Lavage et recurage de la vaisselle et des ustensiles de cuisine à l'eau chaude avec savon, potasse, cristaux de soude ou simplement lessive de cendre de bois. Différents genres de frottoirs.

Nettoyage des cuivres au tripoli ou à l'eau de cuivre.

Ordre : Tout bien arrangé. Etagères et rayons d'armoires recouverts de papier ou mieux de toile cirée qu'on peut laver de temps en temps. Papier découpé sur les bords.

Faire ramoner les cheminées une fois par an.

La maison la plus pauvre peut être rendue agréable :

1° Par la propreté et l'ordre ;

2° Par le goût avec lequel la maîtresse de maison sait disposer toutes choses ;

3° Par de petits ornements : fleurs de jardin ou fleurs des champs, travaux de fantaisie peu coûteux appris pendant le travail manuel.

2° LINGE ET VÊTEMENTS

Blanchissage : Ne pas garder trop longtemps le linge sale à la maison : il s'use et sent mauvais.

Lessive : différentes opérations qu'elle comporte : Essanger, couler, laver, étendre et plier.

Racommodage et repassage : Le linge doit être raccommodé et repassé avant d'être placé dans les armoires.

Le racommodage comprend : la reprise, le rapiéçage et la transformation (voir travaux manuels).

Le repassage comprend : 1° le repassage à l'eau qui est le plus facile (on doit apprendre de bonne heure aux enfants à préparer le linge et à se servir des fers) ; 2° le repassage à l'amidon (empois) plus difficile et réservé pour certaines pièces de lingerie (chemises d'hommes, jupes, robes de toile etc...) Une leçon sur l'amidon : son aspect, sa provenance, ses usages même en dehors de l'entretien du linge. Comment on amidonne le linge : amidon cru et amidon cuit.

Vêtements ; leur entretien : Les vêtements doivent être battus, secoués et brossés, les chaussures cirées tous les jours, les taches enlevées à l'aide de savon, de benzine ou d'alcali.

Conservation des vêtements de laine : Au commencement de chaque saison on rentre les vêtements de la saison finie après les avoir lavés ou battus, secoués et brossés.

Pour préserver des mites les vêtements de laine ou de soie et les fourrures il faut les envelopper après les avoir saupoudrés de poivre, de camphre, de tabac, etc. et ne plus y toucher jusqu'au moment où l'on doit s'en servir.

3° CUISINE

Approvisionnements : La bonne ménagère qui peut avoir quelques avances fait des provisions à l'époque des récoltes, les jours de foire ou de marché, quand une bonne occasion se présente.

Avantages : Prix plus modérés. Facilité d'avoir tout sous la main. Moins grande perte de temps.

Les provisions ne doivent pas faciliter le gaspillage. *Notions sur les principales denrées :* Prix du pain, de la viande, de la volaille, des légumes, des fruits, etc... (*s'inspirer de ces données pour les problèmes d'arithmétique.*)

Alimentation : Les légumes secs sont très nourrissants ; les faire entrer largement dans l'alimentation ; la viande de bœuf est la plus nourrissante ; la morue, poisson le plus économique et le plus nourrissant ; le lait et les œufs, excellente nourriture ; différentes façons de les accommoder ; les légumes verts ; les fruits, excellents pour la santé.

Articles de consommation dont on peut se passer et dont l'abus est très mauvais : sucrerie, pâtisserie, chocolat, café, sucre.

Nourriture substantielle et économique : Les mauvaises ménagères qui attendent l'heure des repas pour y songer ne font rien de bien (ne pas imiter celles qui abusent de la charcuterie, des hors-d'œuvre pour éviter le travail.)

Un bon repas économique. {
  Une soupe.
  Un plat de viande (on peut s'en passer surtout à la campagne).
  Un plat de légumes.
}

Le meilleur déjeuner pour les enfants : une soupe.

Les enfants peuvent manger la soupe trois fois par jour : c'est économique et sain.

4° SOINS DU CORPS

Tous les matins, lavage, à grande eau et au savon, des mains, de la figure, du cou, des oreilles, etc... Les mains doivent être lavées de nouveau à midi et le soir. Mettre un peu de glycérine immédiatement après si on les a *gercées*, cela d'abord pour éviter une souffrance inutile, ensuite parce que les mains gercées sont très difficiles à tenir propres.

Les ongles doivent être bien nettoyés tous les jours.

Bain de pieds : 1 par semaine au moins en hiver ; 3 par semaine en été ; 1 tous les jours en cas de transpiration.

Grand bain : 1 par mois en hiver ; 1 par semaine en été. (On peut se passer de baignoire ; un simple baquet suffit et l'eau peut être chauffée au soleil en été).

Tête : Bien brossée chaque matin. Cheveux peignés tous les jours et 2 fois par semaine au moins au peigne fin. Lavage 1 fois par mois à l'eau tiède et au savon.

Bouche : Nettoyer les dents à la brosse tous les matins au moins.

Dentifrice économique : Charbon de bois réduit en poudre très fine. Si l'on y mêle de la poudre de quinquina. c'est mieux.

Haleine mauvaise : Combattue d'abord par les moyens ci-dessus, gargarisme à l'eau boriquée provient quelques fois de l'estomac : avoir alors recours au médecin.

Fétidité du nez : Le lavage du nez qui devrait faire partie de la toilette de chaque jour est indispensable en pareil cas. Il faut aspirer fortement de l'eau chaude si c'est possible, à laquelle on mêle avantageusement quelques gouttes du (Coaltar saponiné de Lebœuf).

Nota : On ne saurait être trop exigeant en fait de propreté. Faire comprendre aux enfants que la vie en commun rend particulièrement nécessaire cette propreté minutieuse sans laquelle on peut être une cause de gêne et même de dégoût pour ses semblables.

5° TOILETTE

Condition première : Ordre et propreté (voir soin du linge et des vêtements).

Ce qu'on entend par bonne coquetterie : Celle qui résulte de l'ordre et de la propreté ; elle s'allie à la plus grande simplicité.

On peut avoir une certaine élégance avec une robe très simple et même rapiécée.

Insister sur la nécessité d'avoir du linge propre.

S'habiller avec goût : choisir pour les vêtements des étoffes, des couleurs, des dispositions, des formes qui conviennent au teint, à la taille, à l'usage qu'on veut en faire. C'est le seul moyen d'être bien mis sans dépenser beaucoup.

6° BUDGET

Nécessité de faire son budget: recettes et dépenses. Il faut régler ses dépenses d'après ses recettes et n'avoir pas la sotte vanité de suivre en tout ceux qui ont des ressources supérieures aux nôtres.

Montrer aux enfants, à l'aide d'exemples, ce que deviennent les petites économies qui résultent de l'ordre et du savoir- faire de la bonne ménagère: une économie d'un sou par jour est facile à faire et n'est pas à dédaigner.

7° HYGIÈNE DES MALADES

Aération de la chambre dans n'importe quelle maladie: le malade a surtout besoin d'air pur. Prendre des précautions pour que l'air froid n'arrive pas directement sur le malade.

Fumigations avec plantes aromatiques, sucre brûlé, etc.

Nettoyage du sol: Désinfection après maladie contagieuse: faire brûler 1 ou 2 kilogr. de fleur de soufre suivant les dimensions de la pièce qui doit être hermétiquement fermée pendant plusieurs jours et nettoyée ensuite à l'aide de potasse, d'esprit de sel à l'aide d'un chiffon mouillé qui entraîne les malpropretés sans soulever la poussière qui est toujours gênante pour les malades et peut dans certains cas aggraver la maladie.

Propreté du linge et du corps : Le malade doit être tenu dans un très grand état de propreté; on peut avec des précautions le laver et changer son linge dans *toutes* les maladies : lutter contre certains préjugés encore trop répandus surtout à la campagne. Dans les maladies contagieuses et en particulier dans les éruptions tout le linge à l'usage du malade doit être passé à l'eau bouillante avant d'être transporté.

Recommandations spéciales : Suivre scrupuleusement les ordonnances du médecin, préparer les tisanes et autres médicaments avec beaucoup de soins : vases très propres — ne pas laisser séjourner devant le feu — réchauffer au bain-marie. S'il s'agit de plaies, faire les pansements avec du linge extrêmement propre et passé au préalable à l'eau bouillante.

8° PREMIERS SOINS A DONNER EN CAS D'ACCIDENTS, DE FATIGUES LÉGÈRES OU AU DÉBUT DE MALADIES PLUS GRAVES

Chutes : S'il y a bosse seulement, compresser d'eau pure ou mieux d'eau additionnée de quelques gouttes de teinture d'arnica. S'il y a blessure, laver d'abord avec soin à

l'eau pure, bouillie si c'est possible, ou mieux à l'eau
boriquée (30 grammes d'acide borique dans un litre d'eau)
pour qu'il ne reste aucun corps étranger dans la plaie, en
rapprocher les lèvres et les maintenir avec du taffetas
gommé, puis bander : *avant de faire un pansement laver ses
mains et nettoyer ses ongles.*

Foulure et entorse : Bain très chaud du membre foulé ;
compresses d'eau blanche (extrait de saturne); massage ;
bandage. Si le membre paraissait démis ou cassé, il faudrait
appeler immédiatement le médecin et mettre le blessé au
repos en attendant.

Brûlure : S'il y a simple rougeur, traiter par l'eau froide,
l'éther ou l'eau très chaude. S'il y a cloche, crever la cloche
à l'aide d'une aiguille très propre, laisser la petite peau et
panser à l'huile d'olive ou à la vaseline boriquée. Si la
brûlure est profonde avoir recours au médecin.

Piqûres et morsures d'animaux vénimeux. Presser immédiatement la plaie pour en faire sortir le venin et soigner à
à l'acide phénique ou à défaut à l'alcali. Dans les cas
sérieux avoir recours sans retard au médecin.

Saignement de nez : Aspirer fortement de l'eau très
chaude, éviter de se moucher ; tenir les bras relevés. Au
besoin tamponner avec de l'amadou sec ou imbibé de
perchlorure de fer.

Evanouissement : Desserrer les vêtements; coucher à plat
et la tête un peu basse; ouvrir les fenêtres ; faire respirer
odeurs fortes; asperger et battre au besoin avec eau froide;
frictionner les tempes et les mains avec vinaigre, éther, etc.

Crise de nerfs : Fortes aspersions à l'eau froide. Dans
beaucoup de cas traiter par le mépris,

Asphyxie : Coucher l'asphyxié le haut du corps légèrement relevé et la tête inclinée en arrière; ouvrir les fenêtres; maintenir la bouche ouverte à l'aide d'une cuiller, d'un bâillon; frictionner le corps à sec ou avec de l'alcool : faire exécuter aux bras des mouvements répétés en allant de la poitrine vers la tête; appeler le médecin.

Empoisonnement : Provoquer immédiatement les vomissements à l'aide d'eau tiède, de lait, d'huile et appeler un médecin.

Indigestion : Réchauffer l'estomac à l'aide de linges chauds ou de frictions ; donner infusion de verveine, de thym, de tilleul, etc; rhum, chartreuse, quelques gouttes d'alcool de menthe.

Maux de tête : Le grand air ou le sommeil suffisent souvent à les dissiper. Si la tête est chaude, le visage très coloré, mettre sur le front des compresses d'eau très chaude ou d'eau additionnée d'eau sédative, faire prendre un bain de pieds sinapisé avec moutarde, vinaigre, gros sel, cendre, ou appliquer des sinapismes (Rigollot); donner 1 ou 2 cachets d'antipyrine de 1/2 gramme.

Maux de gorge : Gargarisme toutes les 2 ou 3 heures à l'eau boriquée bien chaude. Si la gorge est tachetée de blanc avoir recours au médecin sans tarder. En l'attendant faire des lavages à l'aide d'un irrigateur avec de l'eau bouillie et chaude à défaut d'eau boriquée et barbouiller la gorge au pinceau avec du jus de citron (on fait des pinceaux avec de petits morceaux bois de vigne et du coton stérilisé.) Après l'opération brûler le pinceau et passer à l'eau bouillante les vases et linges dans lesquels le malade a craché.

Rhumes : Boissons chaudes; teinture d'iode ou essence de térébenthine sur la poitrine et dans le dos.

Rhume de cerveau : Priser du camphre ou de l'acide borique en poudre ; aspirer fortement de l'eau chaude, du jus de citron.

9° MALADIES CONTAGIEUSES ET ÉPIDÉMIQUES

Coqueluche : Caractérisée par une toux accompagnée d'inspirations sifflantes. (Chant du coq).

Oreillons : Caractérisés par un gonflement douloureux à l'angle de la machoire.

Maladies éruptives : Rougeole, scarlatine, petite vérole caractérisées au début par des maux de tête, des picotements dans les yeux, le larmoiement, des rougeurs, etc.

En temps d'épidémie surveiller les enfants et au moindre signe les renvoyer dans leurs familles.

Pour toutes les maladies contagieuses, voir les instructions ministérielles qui indiquent les précautions à prendre et la durée de l'isolement des élèves atteints.

Travaux manuels (Filles)

COURS ÉLÉMENTAIRE	COURS MOYEN	COURS SUPÉRIEUR
Tricot aux aiguilles : mailles à l'endroit et à l'envers, côtes, augmentations, diminutions. *Point de marque sur canevas :* alphabet et chiffres. *Couture :* points devant, points de coté, ourlet.	*Application du tricot appris au cours élémentaire :* bas. *Tricot au gros crochet avec laine :* fichus, jupes, etc. *Marque sur toile et sur étoffe plus fine.* *Couture :* surjet, piqûre, couture simple, rabattue, anglaise, bride, boutonnière, confection d'ouvrages de couture simples (mouchoirs, serviettes, tabliers)	*Tricot au petit crochet* avec fil ou coton (dentelle, etc.). *Couture :* petits plis, fronces, points d'ornement (chainette, points russes), confection d'ouvrages de couture (chemise, pantalon). *Raccommodage :* différents genres de reprises, pose de pièces, remmaillage. *Broderie :* festons, pois, œillets, lettres, petits ouvrages de fantaisie.

OBSERVATION. — Pour les travaux manuels des garçons, voir dans l'*éducation intellectuelle* (géométrie et dessin).

EDUCATION INTELLECTUELLE

Enseignement de la Lecture

CONSIDÉRATIONS GÉNÉRALES

Il ne saurait être question de tracer pour cette partie des programmes un plan d'études détaillé, leçon par leçon. La série des exercices variera naturellement avec chaque école, selon la méthode ou le livre employés. Il importe néanmoins de faire remarquer que la lecture est la base et le point de départ de l'éducation intellectuelle : tant que l'enfant ne sait point lire, il ne lui est possible de faire que des progrès très lents dans l'acquisition des connaissances. A un point de vue d'ailleurs plus particulier, la lecture doit être considérée comme un exercice d'importance capitale dans l'étude de la langue maternelle. Pour ces raisons, il est nécessaire de lui accorder une large place dans l'emploi du temps, pendant toute la durée de la scolarité.

Cours préparatoires

Pour l'étude progressive des difficultés de la lecture, chaque maître reste juge de la méthode à employer. Mais, quelle que soit celle qu'il met entre les mains des enfants, il importe de la parcourir en entier dans la première moitié de l'année scolaire. A la fin de cette période les élèves qui ont parcouru avec fruit les éléments de la méthode reçoivent un livre de lecture courante ; les retardataires redoublent avec les nouveaux venus, de façon que le cours préparatoire ne forme jamais plus de deux divisions.

Dans la pratique, il y aura lieu de se conformer aux indications suivantes :

1° Rendre l'enseignement de la lecture intuitif et intéressant ; pour cela ne pas se servir exclusivement des tableaux et des livrets de lecture, mais utiliser les images, le tableau noir et l'ardoise.

2° Arriver aussi vite que possible à faire lire, non seulement des syllabes, mais des mots et des phrases très simples ; expliquer tous les termes nouveaux, s'ils ne sont pas familiers aux enfants.

3° Faire précéder d'un exercice collectif la lecture individuelle.

4° Faire de fréquentes récapitulations.

5° Faire marcher de pair la lecture, l'écriture et l'orthographe usuelle.

6° N'avoir recours à un aide que pour faire répéter des leçons déjà étudiées avec le maître ou pour continuer des leçons commencées par lui.

7° Avoir soin que les élèves *articulent* toujours très nettement.

Cours élémentaire

Il est indispensable d'arriver, dans ce cours, à une prononciation correcte et à une bonne lecture courante. Il n'est pas impossible même d'obtenir que les enfants lisent déjà sur un ton naturel. Dans ce but il y a avantage à procéder de la manière suivante :

Le maître lit d'abord la leçon, en appelant l'attention des enfants sur les intonations, les pauses et les liaisons ; puis il passe aux explications, destinées à donner aux élèves l'intelligence du morceau et à en dégager les idées principales ; ces explications portent également sur les gravures, sur les mots et les tournures dont le sens pourrait échapper aux enfants et doivent avoir pour principal objectif d'enrichir le vocabulaire et de préparer à la composition française. Elles ne doivent jamais s'étendre au point de dégénérer en leçon et de réduire dans des proportions trop considérables le temps à consacrer à la lecture proprement dite.

Le morceau une fois expliqué et compris, on passe à la lecture collective, puis à la lecture individuelle. La leçon se termine par quelques questions dont les réponses peuvent former une sorte de résumé oral du texte de la lecture.

Cours moyen

Les procédés d'enseignement sont les mêmes que pour le cours élémentaire, avec cette différence que la lecture collective est ici beaucoup moins indispensable et qu'il y a lieu d'insister davantage sur la lecture expressive.

Les explications devront revêtir un caractère plus littéraire ; la lecture sera toujours suivie d'un résumé oral, et quelquefois d'un résumé écrit.

Il est expressément recommandé aux maîtres de ne jamais perdre de vue le but de cet enseignement, c'est-à-dire que l'exercice de lecture ne doit pas dégénérer en une leçon grammaticale ni surtout en une leçon encyclopédique.

LECTURE HEBDOMADAIRE

Un certain nombre de maîtres ont la bonne habitude, pour donner aux élèves le goût de la lecture et le propager dans les familles, de faire, une ou deux fois par semaine, une lecture expliquée sur un sujet attrayant. C'est là une excellente pratique, et il est à désirer qu'elle se répande dans toutes les écoles. On réservera à ces lectures une place dans l'emploi du temps à la fin de la classe du mercredi ou du samedi soir. Sans recommander aux instituteurs telle ou telle publication spéciale, il est permis de leur rappeler qu'il existe un certain nombre de recueils hebdomadaires où ils trouveront facilement les éléments de ces lectures.

Écriture

CONSEILS ET DIRECTIONS

1° Veiller avec soin à la tenue des élèves qui doit être aussi naturelle que possible. Cahier presque droit. Pente de l'écriture très faible. Veiller aussi particulièrement à la tenue de la plume.

2° Leçon collective très courte au tableau noir, sur lequel on tracera le modèle (s'abstenir rigoureusement des modèles individuels écrits sur le cahier de chaque élève). Défauts les plus communs également corrigés au tableau noir.

3° Amener les élèves à soigner l'écriture dans tous leurs devoirs.

4° Dans la première année du *cours élémentaire*, l'écriture moyenne de 4 à 5 millimètres doit être la seule employée (on se servira avec avantage des cahiers à double réglure pour tous les exercices écrits). Dans la deuxième année de ce cours, les élèves pourront écrire en gros, en moyen et en fin ; mais il faudra prendre garde qu'ils n'écrivent pas trop fin ; les lettres devront toujours être bien formées.

5° Tâcher de mener de front l'enseignement de l'écriture avec ceux de la lecture et de l'orthographe ; il est facile notamment de faire étudier en même temps, pour la lecture et l'écriture, les mêmes lettres et syllabes. Donner le plus tôt possible, comme modèles, des mots très courts, puis des phrases ayant toujours un sens simple et exprimant une idée claire et complète, une maxime morale facile, par exemple.

6° Se conformer à l'ordre suivant dans la succession des exercices (chaque maître devra faire de nombreuses combinaisons avec les éléments indiqués) :

COURS ELEMENTAIRE Première année

l n i t u · n m p · w v · o a d g e o · r · o x l h b k · j g y z

COURS ELEMENTAIRE Deuxième année

Révision des exercices précédents. Etude des majuscules.

I J H K · S L · P B R F · C C C G T E ·
V A V Q · N M · A M · D H Z

COURS MOYEN

Cursive dans les trois genres (révision des principes).

COURS SUPERIEUR

Cursive. Éléments de ronde et de bâtarde (au besoin, quelques éléments de ronde pourraient être enseignés dès la deuxième année du cours moyen).

Langue française

CONSEILS ET DIRECTIONS

Des directions abondantes ayant été insérées dans le programme ci-après et faisant corps avec lui, on ne rappellera ici que quelques points essentiels :

1° Avoir sans cesse présent à l'esprit : que « *l'étude de la langue maternelle*, avec sa grammaire et ses beaux textes de prose et de poésie, de poésie surtout, lus, expliqués, en partie récités doit être le *cœur même* et le point central de l'enseignement primaire ».

2° Dans ce but, donner ou encourager par tous les moyens possibles, le goût des bonnes lectures, empruntées non seulement aux classiques proprement dits, mais aussi aux œuvres de Victor Hugo, de Lamartine et des poètes contemporains les plus éminents. Réserver deux fois par semaine (voir le programme de lecture), une place dans l'emploi du temps pour des lectures de ce genre à faire en classe.

3° Ne pas prendre les *dictées* d'orthographe au hasard, mais les emprunter le plus souvent à nos grands écrivains classiques. Varier le plus possible ces exercices d'orthographe ; les faire concourir à la formation du goût et à la connaissance de la langue. Faire que ce soit toujours un exercice intelligent et non mécanique : ainsi, au lieu de se borner à une épellation monotone, expliquer toujours la dictée, quant au fond et quant à la forme, et en dégager le sens général.

4° La préparation des élèves à la *composition française* doit résulter en partie des directions indiquées ci-dessus. Ne pas confondre les exercices de *rédaction* sur des sujets de sciences, d'histoire, de morale, etc., avec l'exercice d'invention qu'on appelle la *composition française.* — Y préparer, dès leurs débuts, les jeunes écoliers par des *exercices de langage*, de manière à les habituer non seulement à parler, mais à écrire, à trouver, à composer de petites phrases, à exprimer enfin sous une forme simple et claire, leurs idées et leurs sentiments sur un sujet donné.

5° En résumé, on ne saurait trop insister sur la nécessité de consacrer beaucoup de temps et d'efforts à l'étude de la langue française, dans ce département surtout, où on ne parle français le plus souvent qu'à l'école.

Cours élémentaire

1ᵉʳ TRIMESTRE

1° *Grammaire.* — Etude des lettres. — Voyelles et consonnes. — Les trois sortes de syllabes et mots. — Faire reproduire au tableau noir les *lettres* de la langue française, même exercice pour les *voyelles*, les *consonnes*. — Faire distinguer les voyelles des consonnes sur des mots écrits au tableau noir. — Faire écrire au tableau des mots où entrent les différentes sortes d'*e*. — Décomposer en syllabes les mots écrits par le maître. — Etude des accents. Trois sortes. Place de ces accents. Idée de la ponctuation. — Eléments de la proposition : sujet, verbe et attribut.

Etude du *nom.* — Ce qu'on appelle nom ou substantif. — A quoi sert le nom. — Noms propres, noms communs. — Exercices d'application au tableau noir. — Faire dis_ tinguer oralement les noms communs des noms propres.

Le *genre.* — Le genre masculin, le genre féminin. Comment on les distingue.—Exercices oraux et écrits au tableau noir.

Le *nombre.* — Singulier, pluriel. Ce que représente le singulier, le pluriel. Formation du pluriel dans les noms. La lettre *s* ajoutée au singulier. Noms terminés par *s, x* et *z*. Pluriel des noms en *au, eau, eu.* Exercices oraux et au tableau noir. Premiers exercices écrits sur le cahier. Noms en *ou.* Sept exceptions à apprendre par cœur. Pluriel des noms en *al.* Exemples.

2° *Conjugaison et récitation.* — Conjugaison orale du verbe *être* au présent de l'indicatif, à l'imparfait et au futur avec un adverbe et un attribut. Exemple : *aujourd'hui je suis content. — Jean est content. — Hier j'étais malade. — Demain je serai laborieux.* — Avoir soin de varier les adjectifs employés : *laborieux, attentif, sage* et exiger une bonne prononciation. Même exercice pour le verbe *avoir.* Exercices de mémoire : 1° Ceux que j'aime, par Trantner ; 2° L'enfant et le miroir, par Florian ; 3° Le crapaud, par Ratisbonne. Bien expliquer ces morceaux avant de les

Cours moyen

1ᵉʳ TRIMESTRE

1° *Grammaire.* — Révision rapide des matières préliminaires. — Les dix parties du discours. — Mots variables et mots invariables. — Etude de l'adverbe et de la préposition. — Adverbe d'affirmation ; adverbe de négation. — Remarques sur les mots *plus tôt, plutôt, quant, quand, prêt à, près de, là, la, où, ou, dès, des,* etc. — Notions élémentaires sur la proposition et sur la ponctuation (sujet, verbe et attribut ; pourquoi on emploie la ponctuation). — Analyse logique (distinction fondamentale). — Révision du nom avec plus de développement que dans le cours élémentaire. — Diverses sortes de noms. — Le genre. — Noms qui ont les deux genres suivant le sens : *aide, amour, enseigne, garde, guide, manche,* etc.— Le nombre. — Formation au pluriel : *aïeul, ciel, œil, travail, bétail* ; d'autres exceptions. — Noms propres. — Noms composés. — Pluriel de ces noms, première règle seulement : noms composés de deux noms ou d'un nom et d'un adjectif. — Complément des noms. — L'article, Elision. — Contraction. — Emploi et suppression de l'article.— Quand le nom est précédé de l'adjectif on emploie seulement *de.* Ex. : *Il y a de grands arbres dans cette prairie.* Dans les phrases négatives on n'emploie pas l'article. On dit : il y a *de l'eau* et il n'y a *pas d'eau.*

2° *Conjugaison et récitation.*— Compléments et modifications du verbe (personnes, nombre, temps, modes). — Conjugaison des verbes *avoir* et *être,* des verbes en *er.* — Remarques sur un certain nombre de ces derniers verbes, de ceux qui sont terminés en *cer, ger, ier, eler, éter, oyer, ayer.* — Verbes irréguliers les plus usuels de la 1ʳᵉ et de la 2ᵉ conjugaison : *aller, envoyer, courir, bouillir, cueillir, mourir, tenir, venir, vêtir,* etc.

NOTA. — Conjuguer, autant que possible, par phrases complètes. Ex. : *Lorsque j'aurai terminé mon travail, j'irai dîner. — Si je travaillais bien je serais récompensé.*

Exercices de mémoire. — Revoir les mor-

faire apprendre ; les faire ensuite traduire en langage ordinaire par les enfants. Les dire soi-même avec le ton convenable.

3° *Exercices d'intelligence, vocabulaire.* — Faire nommer et écrire au tableau noir, ensuite sur le cahier les noms des objets qui sont à l'école, à la maison, aux champs. Faire composer de petites phrases avec des éléments donnés, tels que : La brebis nous donne sa.... et son... Le chien garde les.... et la....

4° *Composition.* — Comment on développe une idée. Faire faire le portrait de quelques animaux domestiques : le chat, le chien, le cheval, etc. Faire décrire quelques objets communs et utiles : le *pain*, le *bois*, le *charbon*, etc. Exiger que les élèves répondent par des phrases complètes aux nombreuses questions qui leur sont posées. Résumé oral d'abord, écrit ensuite d'une petite historiette racontée par le maître.

5° *Orthographe et analyse.* — Faire de bonne heure des dictées très simples et très courtes sur l'orthographe usuelle ne compre-

ceaux du cours élémentaire, et apprendre par exemple, les morceaux suivants : 1° *La guenon, le singe et la noix,* p. Florian ; 2° *Les cris-cris,* p. Ratisbonne ; 3° *La laitière et le pot au lait,* p. Lafontaine ; 4° *Les animaux malades de la peste,* p. Lafontaine.

NOTA. — Le maître expliquera d'abord le morceau ; interrogera les élèves pour s'assurer qu'ils l'ont bien compris ; le fera traduire oralement en langage ordinaire, le dira enfin lui-même avec le ton convenable.

3° *Exercices de vocabulaire.* — Mots primitifs, mots dérivés et composés. — Noms dérivés d'autres noms : *Paris,* Parisien, *Rome,* Romain, *barre,* barricade, etc. Noms dérivés de verbes. Ex. : *demander,* demande, *manger,* mangeoire, etc. Noms dérivés d'adjectifs : *modeste,* modestie, *exact,* exactitude, etc. Adjectifs dérivés de verbes ; de noms, etc. Notions très simples d'étymologie. — Racine, radical, préfixes, suffixes. — Familles de mots les plus usuels. Ex. : *mouvement,* mouvoir, *mobilier,* mobile, immobile, *meuble,* immeuble. Exercices analogues sur les mots:

nant d'abord que des noms, tels que : *ami, café, vérité, route,* ensuite comprenant le nom, l'article, la proposition : *la robe de ma mère, le chemin de fer, la blouse du frère.* Analyser oralement les noms communs, les noms propres et dire s'ils sont du masculin, du féminin, du singulier ou du pluriel.

2° TRIMESTRE

1° *Grammaire.* — Etude de l'article. Ce qu'est l'article. Sa fonction. Nombre d'articles en français. Expliquer que *le, la, les* ne font qu'un article. Article élidé. Pourquoi on retranche souvent *e* et *a* dans *le* et *la*. Ce qu'on met à la place. Ecrire des noms au tableau noir et faire indiquer par les enfants l'article qui leur convient. Idée de l'article contracté. Exercices oraux et écrits sur l'article contracté.

Adjectif. — Expliquer le mot. Deux sortes d'adjectifs : adjectifs qualificatifs et adjectifs déterminatifs. Nombreux exemples d'adjectifs qualificatifs ; en faire trouver aux élèves. Montrer un objet et le faire qualifier.

père, frère, cœur, bœuf, station, etc. — Exercices d'application.

4° *Composition.* — Exercices sur la proposition. Trouver un ou plusieurs sujets, verbes et attributs. Donner des compléments au sujet, à l'attribut. Faire plusieurs propositions avec un mot employé tantôt comme sujet, tantôt comme attribut. Rédaction à terminer dans le genre suivant : « Vous avez vu un méchant enfant maltraiter un de vos camarades plus jeune que vous et faire tomber dans la boue les provisions de son déjeûner. Qu'avez-vous fait ?.. » Rédaction d'après un plan écrit au tableau noir avec le concours des élèves. Rédactions sur images. Résumé d'une lecture expressive ou d'une leçon faite par le maître. Description de travaux agricoles : fenaison, moisson, vendange, etc.

5° *Orthographe et analyse.* — Dictée d'une dizaine de lignes empruntées aux auteurs classiques, servant d'application aux règles de grammaire ou de complément aux leçons de morale, d'histoire, de sciences. — Analyse

Exemple : *chapeau, mouchoir, maison*. Adjectifs déterminatifs. Exercices relatifs à ces adjectifs. Formation du féminin dans les adjectifs. Adjectifs en *e*. Différentes règles sur la formation du féminin dans les adjectifs: Adjectifs en *el*, en *f*, en *eux*. Pluriel dans les adjectifs comme dans les noms. Les adjectifs en *s* et *x* ne changent pas. Adjectifs en *eau*, *al*. Nombreux exemples fournis d'abord oralement ensuite par écrit. Accord des adjectifs. Divers cas. Exercices oraux et écrits. — Le pronom. Ce qu'est le pronom. A quoi on le reconnaît. Exemple : différentes sortes de pronoms. Pronoms personnels. Ce qu'ils indiquent, Les trois personnes. Insister sur ce point par des exemples. Exercices consistant à placer devant le verbe le pronom qui lui convient. Exemple : .... *suis malade* ; .... *ai froid*...

2° *Conjugaison et récitation*. — Conjugaison orale et écrite des verbes de la première et de la deuxième conjugaison au présent de l'indicatif, à l'imparfait, au passé défini et au futur. Faire toujours une phrase complète.

grammaticale, le plus souvent orale, quelquefois écrite. — Analyse logique bornée aux éléments principaux de la proposition.

1° *Grammaire*. — Mots invariables (suite). Etude de la conjonction. — Locution conjonctive. — Remarque sur *quoique* et *quoi que*, *parce que* et *par ce que*. — Etude de l'interjection. — Exercices spéciaux pour distinguer ces mots.— Révision de l'adjectif. Adjectif qualificatif. — Formation du féminin. — Formation du pluriel. — Accord avec le nom. Divers cas. — Exceptions : *nu*, *demi*, *feu*. — Degrés de signification. — Compléments de l'adjectif. — Adjectif déterminatif. — Diverses sortes. — *Vingt, cent, mille, même, quelque, tout*. — Révision du pronom. Pronoms toujours sujets et pronoms toujours compléments. — Accord du verbe avec *qui* sujet. — Emploi du pronom *dont*.— Le *verbe*. Révision d'ensemble et complément des notions étudiées au cours élémentaire.—

Distinction des conjugaisons. Idée du sujet. Accord du verbe avec le sujet. Revenir sur la conjugaison des verbes auxiliaires au présent, au passé et au futur. Exercices de mémoire : 1° *Le loup et le chien*, par Lafontaine ; 2° *Les deux voyageurs*, par Florian ; 3° *Le renard et la cigogne*, par Lafontaine ; 4° *Le dogue*, par Lachambaudie. (Mêmes recommandations qu'au 1er trimestre.)

3° *Exercices d'intelligence* ; vocabulaire. — Trouver le nom de quelques professions et métiers, et compléter les phrases commencées. Exemple : *Le* ... *fait les robes* ; *Le* ... *fait des souliers*, etc. Demander le fruit que porte tel ou tel arbre. Exiger toujours des phrases complètes. Exemple : *le pommier porte des pommes, l'amandier porte des amandes*, etc. Faire nommer les jours, les mois, les saisons, les diverses parties du corps de l'homme.

4° *Compositions*. — Petites rédactions sur des sujets comme les suivants : services que nous rendent le mouton, le bœuf, l'eau, etc. Usages des outils que les enfants connaissent.

Verbes auxiliaires *avoir* et *être*. Leur importance.

2° *Conjugaison et récitation*. — Conjuguer à tous les temps et à tous les modes les verbes de la 3° et de la 4° conjugaison. Remarques particulières sur quelques-uns de ces verbes: *asseoir, falloir, pouvoir, savoir, voir, conclure, absoudre, boire, moudre, naître*, etc. En ce qui concerne la conjugaison, voir l'observation du trimestre précédent. — On pourra faire apprendre les morceaux suivants pour la récitation littéraire : 1° *Le laboureur et ses enfants* ; 2° *Travailleurs*, p. V. de Laprade ; 3° *Après la bataille*, p. V. Hugo ; 4° *Le héron*, p. Lafontaine.

Mêmes recommandations que pour le premier trimestre.

3° *Exercices de vocabulaire*. — Formation des adjectifs. Mots d'où ils sont tirés (suite). Notions sur les synonymes et les homonymes. Dresser une liste de chacun de ces mots en prenant de préférence ceux qui sont d'un usage courant. Ex. : *figure, visage, face*,

Avoir soin de poser des questions bien précises afin que l'élève ne s'égare pas. Se servir du tableau noir pour faire développer la petite rédaction demandée. Le sujet traité, on l'effacera et les enfants iront le reproduire de mémoire sur leur cahier. Descriptions sur images.

5° *Orthographe et analyse.* — Dictées graduées et très courtes comprenant dans une phrase, l'article, le nom, l'adjectif, le verbe. Exemple : *le cheval de mon oncle est noir* : faire transposer la même phrase au pluriel. On dictera très lentement afin d'obtenir une écriture bien lisible. — Petites analyses grammaticales, orales d'abord, et ensuite écrites sur les noms, l'adjectif et le pronom.

3ᵉ TRIMESTRE

1° *Grammaire.* — Le verbe. Comment on reconnaît qu'un mot est verbe. Nombreux exemples. Etude des temps. Leur nombre. Exercices oraux sur les trois temps. — Sujet. Ce que c'est. Procédé mécanique pour le reconnaître. Compléments. Manière de les reconnaître. Verbes auxiliaires. Rôle de ces verbes. Signification du mot *auxiliaire*. Accord du verbe avec son sujet. Expliquer par de nombreux exemples cette règle importante. La faire appliquer aux élèves. Exercices oraux et écrits. Deux sujets au singulier. — Appeler l'attention des enfants sur l's de la deuxième personne du singulier, sur la terminaison de la troisième personne du pluriel.

2° *Conjugaison et récitation.* — Conjuguer oralement et par écrit les verbes de la troisième et de la quatrième conjugaison à l'indicatif, à l'imparfait, au passé défini, au passé indéfini, au futur, au conditionnel avec une locution convenable. Conjugaison des verbes irréguliers *aller* et *boire*. Revenir sur la conjugaison du verbe *être* à tous ses temps en exigeant toujours une phrase complète. Pour le subjonctif, employer une des formes suivantes : *il faut ..., il faudrait.., il eut fallu....*

Apprendre des morceaux de récitation tels que les suivants : 1° *Faire le bien pour le bien,*

bord, côte, rive, *rivage* — *têtu, opiniâtre, obstiné,* — *chair, chaire, cher,* — *cour, cours, court* — *cène, scène, seine, saine,* — *maire, mère,* etc. — Familles de mots (suite). — Augmentatifs, diminutifs, etc. Trouver des qualités convenant à des objets donnés.

4° *Composition.* — Développement, d'après un plan d'un sujet se rapportant à la morale, à l'instruction civique, à l'histoire, aux sciences. Le plan sera tracé au tableau noir avec le concours des élèves.

La plupart des sujets de rédaction devront être développés oralement. Les enfants apprendront par la pratique comment on traite un sujet. Rédaction sur images. — Traduction en prose de poésies faciles. — Description de certains phénomènes de la nature : pluie, orage, neige. — Compte-rendu de leçons. — Résumés de quelques biographies historiques.

5° *Orthographe et analyse.* — Suite des exercices du 1ᵉʳ trimestre. — Orthographe usuelle et orthographe de règles. La dictée sera corrigée en classe, soit au tableau noir, soit par les élèves qui auront échangé leurs cahiers : on n'épellera pas les mots faciles d'un usage courant. Ex. : *le, la, les, pas, pour, nous, vous,* etc. Continuation de l'analyse grammaticale et de l'analyse logique, le plus souvent oralement.

3ᵉ TRIMESTRE

1° *Grammaire.* — Le verbe (suite). Diverses sortes de verbes attributifs, transitifs, (actifs, passifs, réfléchis), intransitifs impersonnels. Accord du verbe avec son sujet. — Lorsque le sujet est formé d'un nom et d'un pronom. Ex. : *Paul et moi nous* serons soldats. *C'est moi qui suis, qui veux,* etc. Quand il y a gradation, — quand les sujets sont synonymes. Formation des temps. — Le participe. Participe présent et adjectif verbal. — Participe passé. Principales règles d'accord. Nombreux exercices à l'appui. — Cas particuliers.

2° *Conjugaison et récitation.* — Conjugaison des verbes passifs, des verbes réfléchis ou

par Ratisbonne ; 2° *L'amour de la Patrie*, par X. Marmier : 3° *Le petit poisson et le pêcheur*, par Lafontaine. (Voir les observations du 1ᵉʳ trimestre au sujet de la récitation littéraire.)

3° *Exercices d'intelligence ; vocabulaire.* — Continuer les exercices indiqués au 2ᵉ trimestre. Ces exercices pourront porter sur la maison d'habitation, sur une ferme. On fera chercher le féminin d'une série de noms masculin : *père, mère, frère, sœur*, etc. ; le nom des matières dont les choses sont faites. Exemple : *le papier est fait avec des chiffons ; les souliers sont faits avec du cuir*, etc., le contraire des mots ; les saveurs, les couleurs, etc.

4° *Composition.* — Composition de phrases étant donné le sujet et le verbe. Exemple : *mère aime ; soldat défend*. A un sujet donné, joindre un verbe suivi d'un complément. Exemple : *enfant* (l'enfant travaille à l'école). Inventer des phrases, le complément étant donné. Exemple : *malade*. (Le médecin soigne le malade.) D'après un questionnaire

pronominaux. Verbes neutres avec avoir. Verbes neutres avec être : *aller, marcher, mourir, croitre*, etc. Conjugaison négative, conjugaison interrogative. Verbes irréguliers les plus usuels 3° et 4° conjugaison (suite). Morceaux de mémoire que l'on peut apprendre : 1° *Le coche et la mouche*, p. Lafontaine ; 2° *La maison paternelle*, par Lamartine ; 3° *La charité*, p. V. Hugo ; 4° *Un paria*, par F. Coppée.

Mêmes recommandations que pour le premier trimestre.

3° *Exercices de vocabulaire.* — Formation des verbes. Préfixes et suffixes (suite). — Familles des mots. Homonymes et synonymes (suite). — Formation des adverbes en *ment.* — Périphrases. — Sens propre et sens figuré.

4° *Composition.* — Développement d'un sujet simple d'imagination. Ex. : fête, promenade, marché, incendie, usages de l'eau, l'hiver, etc. L'élève devra trouver et écrire le plan. — Explication de quelques prover-

préparé d'avance, construire des phrases complètes. Reproduction, orale d'abord, écrite ensuite, d'un petit récit lu ou fait par le maître. Cet exercice spécialement recommandé est un des meilleurs pour former l'élocution de l'enfant.

5° *Orthographe et analyse.* — Dictées graduées et très courtes comprenant les parties du discours déjà étudiées. Ces dictées, corrigées au tableau noir, seront remises au net sur le cahier journalier. Petites analyses grammaticales le plus souvent orales et quelquefois écrites sur le nom, l'article, l'adjectif. le pronom et le verbe.

4ᵉ TRIMESTRE

1° *Grammaire.* — Idée du participe passé. Sa ressemblance avec l'adjectif. Exemples nombreux. Étude de la proposition simple. Proposition avec divers compléments. Revision générale de la grammaire. Exercices variés se rapportant aux règles déjà apprises.

2° *Conjugaison et récitation.* — Conjuguer les verbes des quatre conjugaisons à l'impé-

bes faciles. Ex. : Pierre qui roule n'amasse pas de mousse ; La faim regarde à la porte de l'homme laborieux mais n'ose pas entrer ; Douze métiers, treize misères ; Vite et bien ne vont jamais ensemble, etc., etc. Lettres de famille ou d'amitié, lettres d'affaires.

5° *Orthographe et analyse.* — Suite des exercices précédents. Le choix des dictées devra être varié, de manière que les explications données portent alternativement sur la grammaire les principes de composition, la morale, etc. Analyse grammaticale et analyse logique facile, oralement et par écrit.

4ᵉ TRIMESTRE

1° *Grammaire.* — Révision des principales règles de la grammaire, de celles surtout qui n'auront pas été bien comprises.

2° *Conjugaison et récitation.* — Conjugaison de verbes quelconques. — Translations de personnes, de nombres, de temps, etc.

ratif puis aux différents temps du subjonctif en employant une locution convenable. Conjugaison par phrases se rapportant à tous les temps déjà étudiés. Récitation : 1° *O père qu'adore mon père*, par Lamartine. Revoir les morceaux appris depuis le commencement de l'année scolaire.

3° *Exercices d'intelligence : vocabulaire.* — Continuer les exercices du troisième trimestre en passant aux noms abstraits. Qualités morales, les contraires : *sobriété, gourmandise, timide, hardi, indulgent, sévère*, etc. Diminutifs : *bande, bandelette, faux, faucille, coffre, coffret*, etc. Quelques notions sur la dérivation.

4° *Composition.* — Reproduction orale de phrases lues et expliquées, de récits ou de fragments de récits lus avec expression par le maître. Reproduire quelques exercices analogues faits précédemment.

5° *Orthographe et analyse.* — Continuation de dictées graduées d'orthographe usuelle et d'orthographe de règles se rapportant, bien entendu, aux connaissances déjà acquises. Analyse grammaticale, orale le plus souvent, quelquefois écrite.

Révision des morceaux déjà appris : insister sur ceux qui sont le moins bien sus.

3° *Exercices de vocabulaire.* — Exercices de révision.

4° *Composition.* — Exercices divers pris parmi ceux qui ont été indiqués dans les trois premiers trimestres.

NOTA. — Toutes les semaines, et de préférence le mercredi et le samedi, le maître lira à haute voix un morceau de nature à intéresser les enfants et à leur inspirer le goût de la lecture.

5° *Orthographe et analyse.* — Exercices de révision.

Cours supérieur

Dans les écoles où il y a un cours supérieur, on pourra revoir en le développant le programme du cours moyen et mettre à profit les indications suivantes.

Exercices d'analyse logique en se tenant aux principes fondamentaux. Syntaxe du nom, de l'article, de l'adjectif. Notions d'étymologie usuelle et de dérivation. Familles de mots. — Syntaxe du pronom et du verbe. — Insister sur les règles d'accord du verbe avec son sujet. — Sur la conjugaison des verbes irréguliers. — Sur la concordance des temps du subjonctif avec les temps de l'indicatif et du conditionnel. — Syntaxe du participe. — Insister sur les règles générales d'accord. — Revenir sur les notions d'homonymie et de synonymie, leur donner plus de développement qu'au cours moyen. — Syntaxe des mots invariables. — Insister sur l'emploi et la suppression de la négation *ne*. — Sens propre et sens figuré des mots. — Paronymes, anonymes. — Notions sur les doublets. — Augmentatifs, diminutifs.

En récitation, on pourra apprendre les morceaux suivants : *1° Le vieillard et les trois jeunes hommes* ; *2° Imprécations de Camille* (Corneille) ; *3° Le Coche et la mouche* (Lafontaine) ; *4° Les deux pigeons* (Lafontaine) ; *5° Songe d'Athalie* (Racine) ; *6° Le drapeau* (Autran) ; *7° Harpagon* (Molière) ; *8° Le paysan du Danube* (Lafontaine) ; *9° Le lieutenant Louaut* (Stendhal) ; *10° Le savetier et le financier* (Lafontaine) ; *11° moissons d'épées* (F. Coppée) ; *12° La vieille et les deux servantes* (Lafontaine), etc.

Nota. — Comme dans le cours moyen, le maître expliquera d'abord le morceau et le dira ensuite lui-même avec le ton convenable.

La composition française comportera des exercices

d'inventions: vie de famille, école, société, des descriptions:
promenades, voyages, spectacle de la nature, animaux, etc.
Avant de faire traiter un sujet, le maître donnera des
conseils aux élèves sur la marche à suivre, aidera à trouver
les idées, à montrer leur enchaînement. Un sommaire
sera d'abord écrit au tableau noir. Plus tard, les élèves
dresseront eux-mêmes leur plan. On fera rendre compte
par écrit de lectures faites par le maître sur divers sujets.
On fera résumer des leçons.

La correction des sujets de rédaction sera faite en
dehors des heures de classe (art. 19, § IV de l'arrêté du
18 janvier 1887). Les irrégularités seront rectifiées en
marge à l'encre rouge. L'appréciation du maître sera
résumée en quelques mots, et la valeur du devoir sera notée
en chiffres de 0 à 20.

Pour l'orthographe on fera des dictées variées portant
sur la morale, l'histoire, les sciences et des dictées d'application sur la syntaxe des dix parties du discours.

On recommande également de varier *la forme* de la dictée
et de rendre cet exercice moins mécanique. Ainsi la *dictée
proprement dite* peut être remplacée avantageusement par
la *lecture* d'un texte choisi, dont on ne fait écrire aux
élèves que les mots ou les passages difficiles. Le temps
ainsi économisé est employé utilement au commentaire du
texte lu, dont on fera apprécier la forme et les idées.

Instruction civique

CONSEILS ET DIRECTIONS

Former les futurs citoyens en leur faisant connaître
l'organisation de la France, les droits et les devoirs des

Français, voilà le but. Pour cela il faut se garder d'une énumération sèche et stérile tirée d'un manuel, et rendre cet enseignement pratique et vivant grâce à de nombreux exemples pris dans ce que connaissent les enfants. Partir de l'organisation de l'école, de la commune pour arriver à faire comprendre celle de notre pays. L'instituteur se servira avec avantage des documents qu'il peut avoir à sa disposition : délibérations des conseils municipaux, budgets, cadastres, etc.

Dans le cours élémentaire, surtout, cet enseignement doit être familier ; il ne s'agit pas de dire beaucoup de choses ; mais de donner quelques notions simples à l'aide d'exemples et de lectures. Dans le cours moyen même, parfois la leçon pourra être avantageusement remplacée par une lecture bien choisie tendant à développer les sentiments civiques dans le cœur des enfants.

On ne se dissimule pas, d'ailleurs, qu'il est difficile de rendre cet enseignement assez vivant et intéressant pour des enfants. Peut-être — et c'est une expérience à faire — serait-il désirable de faire rentrer l'instruction civique dans l'enseignement de l'histoire : ainsi, par exemple, à propos du mouvement communal, on montrerait l'évolution des institutions municipales depuis le moyen-âge jusqu'à nos jours ; à propos de l'organisation financière et des impôts de l'ancienne monarchie, on expliquerait le système d'impôts et le budget actuels ; il serait facile de comparer l'organisation administrative de l'ancienne France avec la nôtre, les secrétaires d'Etat de la monarchie avec nos ministres, etc. Il nous paraît que les deux enseignements se soutiendraient ainsi et se vivifieraient réciproquement ; ce serait un moyen sûr de les rendre plus concrets, et par suite plus intéressants et plus clairs que de comparer sans cesse aujourd'hui avec autrefois. Le sentiment national et

l'intelligence de l'histoire ne seraient pas aussi sans en
retirer quelque profit, puisque cette méthode aurait pour
résultat immédiat en rattachant le présent au passé, de
montrer combien nous sommes solidaires de nos ancêtres.
Il suffirait après cela, pour donner l'instruction civique
proprement dite, de résumer les notions enseignées par le
moyen indiqué en quelques sommaires substantiels et bien
coordonnés.

Cours élémentaire

La patrie et la famille. — Le village; la ville; le département; la grande famille française.

La patrie et l'école. — L'école, image de la patrie; le maître représentant le gouvernement; la discipline à l'école et les lois du pays.

La loi. — Le respect des lois du pays; l'obligation scolaire; il faut s'instruire; la France et les nations étrangères; le service militaire; le tirage au sort; la révision; le régiment; le drapeau.

Le vote. — Une élection; le suffrage universel; il faut voter.

Notions sur l'organisation de la France. — Une séance au conseil municipal; idée de la Chambre des députés, du sénat; idée des attributions du maire, du préfet, du président de la République et des ministres.

Les dépenses de l'Etat; l'impôt est néces-

Cours moyen

La Commune. — La commune; le maire; le conseil municipal; l'élection des conseillers municipaux; le suffrage universel; le budget de la commune; les fonctionnaires dans la commune (idée de l'Etat).

L'Etat. — Nécessité d'un gouvernement; la Constitution de 1875 : les trois pouvoirs de l'Etat.

Pouvoir législatif. — La Chambre des députés; le Senat; la loi; comment se font les lois.

Pouvoir exécutif. — Le Président de la République; les ministres : « *L'exécution des lois; rôle du préfet, du sous-préfet et du maire* ».

Pouvoir judiciaire. — Idée de ce pouvoir; les magistrats; les tribunaux; (il s'agit ici de donner une idée du pouvoir judiciaire et non de faire comprendre toute l'organisation judiciaire de la France).

Organisation administrative de la France. — le département; le préfet et le conseil géné-

saire ; le percepteur ; les douanes et la contrebande ; voler l'Etat c'est voler tous les
Français.

Ceux qui violent les lois sont punis ; idée
de la justice ; faire comprendre comment est
constitué un tribunal.

Ceux qui font bien sont récompensés. — La
croix d'honneur ; la médaille de sauvetage.

Les bienfaits de l'Etat. — Les écoles ; les
routes ; les hôpitaux ; chacun est tranquille
chez soi (les gendarmes).

Il faut bien aimer sa patrie et faire toujours
son devoir de citoyen.

ral ; l'arrondissement ; le sous-préfet et le
conseil d'arrondissement ; la commune (révision).

L'Instruction. — L'obligation scolaire ;
enseignement public et privé ; « *les trois
ordres d'enseignement* ».

L'Armée. — Obligation du service militaire ; idée de la loi du 15 juillet 1889 ;
notions sur la marine militaire.

« *Les travaux publics* ».

La justice. — Justice de paix ; tribunal
civil de première instance ; cour d'appel ;
cour de cassation ; cour d'assises (le jury).

L'Impôt. — Sa nécessité ; le vote de l'impôt : 1° les impôts directs ; répartition ; recou-
vrement ; 2° les impôts indirects ; les douanes.

Rôle de chacun dans l'Etat. — Le citoyen ;
la déclaration des droits de l'homme et du
citoyen ; explication de la devise républicaine :
Liberté, Egalité, Fraternité.

Les devoirs du citoyen. — Respect des lois ;
vote ; dévouement à la patrie ; courage civique.

Cours supérieur

Même programme que pour le cours moyen.

Nota. — Les parties soulignées peuvent être laissées de côté dans certaines écoles rurales.

Histoire

CONSEILS ET DIRECTIONS

L'enseignement historique doit se proposer un double but :

1° Contribuer à l'éducation intellectuelle en cultivant la mémoire, en développant l'imagination, en exerçant le jugement.

2° Contribuer à l'éducation morale et civique, en préparant dans l'enfant l'homme et le citoyen. Si l'histoire ne montre pas « que la vertu soit toujours récompensée et le vice toujours puni », il est cependant possible d'en tirer un enseignement moral en faisant aimer les hommes et les choses dignes d'admiration, en flétrissant, sans emphase, les actions et les hommes dignes de mépris. De même que les vertus privées, elle met en lumière les vertus publiques, la tolérance, le respect des lois, l'amour de la liberté, le goût de l'action. Enfin et surtout, l'histoire servira à faire comprendre et aimer la patrie : « Si l'écolier n'emporte pas avec lui le vivant souvenir de nos gloires nationales, s'il ne sait pas que ses ancêtres ont combattu sur mille champs de bataille pour de nobles causes, s'il n'a point appris ce qu'il a coûté de sang et d'efforts pour faire l'unité de notre patrie et dégager ensuite du chaos de nos institutions vieillies les lois qui nous ont faits libres, s'il ne devient pas un citoyen pénétré de ses devoirs et un soldat qui aime son fusil, l'instituteur aura perdu son temps. » (Lavisse).

Pour que l'enseignement historique remplisse ces fins désirables, il doit être donné d'après certaines règles essentielles sur lesquelles nous appelons l'attention des maîtres :

1° C'est ici surtout qu'il convient de n'enseigner que ce qu'il n'est pas permis d'ignorer. Donc il faut choisir, c'est-à-dire, éviter à tout prix la nomenclature, renoncer aux énumérations qui encombrent la mémoire sans fortifier l'esprit, aux longues listes « des noms qui ne sont que des mots et des dates qui ne sont que des chiffres » se rappeler qu'il est parfaitement inutile « de savoir en quelle année un prince indigne d'être connu succéda à un prince barbare ». On ne retiendra, par exemple, dans l'histoire de la civilisation que les faits essentiels et les traits caractéristiques, dans la diplomatie que les grands traités, dans la succession des personnages historiques que les grands hommes, dans le récit des guerres que les actions décisives. Ce qu'il importe, en un mot, de connaître, ce sont les hommes et les évènements, dont on peut dire que, s'ils n'avaient pas été, la marche de l'histoire en eut été changée.

2° D'ailleurs l'attention des élèves sera d'autant plus éveillée et soutenue que les objets d'étude qu'on lui proposera seront plus intéressants. Les élèves n'emporteront de l'étude de l'histoire quelques souvenirs durables que si l'on a su exciter leur intérêt et charmer leur imagination. Donc, la méthode sera essentiellement descriptive et pittoresque. Peintures et descriptions, récits et anecdotes, traits de mœurs et scènes célèbres seront le fond de l'enseignement. Un homme, un fait peuvent suffire à caractériser une époque : un portrait biographique de Clovis fera

connaître les Francs Mérovingiens, la description du
château fort donnera une idée sensible de la féodalité.
Aussi faut-il avoir soin de présenter, quand il y a lieu,
le côté concret des choses ; c'est pourquoi les comparaisons
entre autrefois et aujourd'hui doivent revenir très souvent ;
c'est pourquoi aussi on insistera sur les faits de l'histoire
locale qui peuvent trouver leur place dans l'histoire
générale ; les enfants sentiront mieux la *réalité* de l'histoire
quand ils verront les lieux où elle s'est déroulée. — Enfin
quand le maître craindra de ne pas rendre d'une manière
assez saisissante par ses paroles quelque scène historique
ou anecdote célèbre, il en empruntera le récit à un de nos
bons ouvrages historiques et le lira à ses élèves en le com-
mentant d'une manière vivante.

3° D'ailleurs, dans l'enseignement de l'histoire, l'instituteur ne saurait se passer du concours du livre. A ce
propos, il doit se garder également de deux excès
contraires, l'un qui consiste à se servir exclusivement du
livre, sans même prendre la peine de l'expliquer, l'autre,
à s'en passer tout à fait et à faire un véritable *cours* d'histoire à des enfants qui ne peuvent le suivre.

Au reste, il convient d'appliquer aux différents âges de
l'enfance des méthodes différentes.

Au cours préparatoire, le livre est inutile ; il serait
d'ailleurs d'un emploi difficile. On le remplacera avantageusement par les *tableaux d'histoire*. Les scènes qui y sont
représentées, bien expliquées par le maître, se graveront
dans leur esprit avec la force et la netteté des choses vues
— surtout si l'on prend soin de leur faire répéter les
explications données.

Au cours élémentaire, le livre devra être employé, mais à
la condition d'être très sommaire ; son rôle est surtout de
donner à l'enfant la notion de l'enchaînement des faits. Les

récits et les descriptions qui formeront la subtance de l'enseignement seront faits par le maître.

Au cours moyen, le livre est indispensable, soit comme auxiliaire du maître, soit comme instrument de travail pour l'élève, fournissant à l'un une base pour son exposition orale, permettant à l'autre de fixer, de résumer ou de compléter, suivant les cas, la leçon entendue.

Mais, sous aucun prétexte, l'exposition orale ne devra prendre la forme du discours ou de la leçon savante et solennelle. Surtout quand on s'adresse à des enfants, il faut prendre garde de s'écouter parler avec trop de complaisance. Le ton sera simple, sans emphase, la parole nette ; on évitera la déclamation et les exagérations dans l'expression. On fera intervenir à chaque instant les élèves au cours de l'exposition, soit pour rappeler un fait antérieur, soit pour juger un fait présent. Le tableau noir, la carte, les gravures seront mis à contribution pour fixer l'orthographe des noms propres, expliquer les mots peu connus, indiquer l'emplacement des lieux géographiques, illustrer enfin la leçon. Chacune de ces leçons comprendra deux parties : 1° Rappel de la leçon précédente sur laquelle des questions intelligentes seront posées; 2° exposition de la leçon à apprendre, Enfin il sera facile en histoire d'exiger que les élèves répondent aux interrogations non par monosyllabes, mais par des phrases complètes ; si un récit a fait impression sur eux, ils ne seront pas embarrassés pour le raconter à leur tour.

Il reste bien entendu qu'on a voulu surtout, dans la rédaction du programme suivant indiquer comment il faut comprendre l'enseignement de l'histoire à l'école primaire et que le détail et les divisions de ce programme ne sauraient enchaîner la liberté du maître.

Cours élémentaire

I. — LES ORIGINES DE NOTRE HISTOIRE NATIONALE

1° *Notre pays avant l'histoire.* — Cavernes, cités, lacustres, armes, outils. — Divisions générales de l'histoire de France.

2° *La Gaule et les Gaulois.* — La Gaule et la France actuelle; les Gaulois; prise de Rome; Vercingétorix et Jules César; Alesia; la Gaule romaine (travaux des Romains); la Gaule chrétienne (les martyrs).

3° *Invasion des Barbares; les Francs Mérovingiens.* — Attila; les Francs; mariage et baptême de Clovis; conquête de la Gaule; Clovis est encore un barbare (ses crimes); décadence des Mérovingiens: les violences; la mort de Brunehaut.

Dagobert et Saint-Eloi; les rois fainéants et les maires du palais.

4° *Les Francs Carlovingiens.* — Charles Martel à Poitiers; sacre de Pépin le Bref.

Charlemagne (768-814); ses conquêtes; Charlemagne couronné empereur; la cour de Charlemagne; les écoles.

La décadence de l'empire de Charlemagne: Louis le Débonnaire et ses fils; le traité de Verdun (843); la France.

Les invasions des Sarrasins en Provence, des Normands à l'Ouest; Robert-le-Fort et Eudes; les Normands devant Paris; Rollon établit les Normands en Neustrie (Normandie).

II. — LA FRANCE FÉODALE

Les châteaux-forts et les seigneurs; suzerain et vassal; un suzerain recevant l'hommage; serfs et vilains; les guerres privées; l'an mille; la trève de Dieu; la chevalerie; sacre d'un chevalier.

Avènement des Capétiens : leur faiblesse ; le roi Robert excommunié.

Les croisades ; Urbain II et Pierre l'Ermite prêchant la première croisade ; Godefroy de Bouillon à Jérusalem.

Conquête de l'Angleterre par les Normands.

Les communes : chartes ; hôtel-de-ville ; beffroi.

III. — Progrès du pouvoir royal

Louis-le-Gros et les communes ; la lutte contre les seigneurs ; le château du Puiset ; Suger ; Faute de Louis VII qui renvoie Eléonore de Guyenne.

Philippe Auguste et les milices communales à Bouvines (1214), acquisitions de Provinces ; administration de Philippe Auguste ; les halles ; l'Université ; Notre-Dame de Paris.

Le midi de la France ; la langue d'oc et la guerre des Albigeois ; Simon de Montfort.

Saint-Louis et Blanche de Castille ; Saint-Louis et les pauvres ; Saint-Louis rendant la justice ; septième croisade ; Saint-Louis prisonnier en Egypte ; huitième croisade ; mort de Saint-Louis (1270) ; Joinville.

Nouveaux agrandissements du royaume sous Philippe-le-Hardi ; les vêpres siciliennes.

Philippe-le-Bel et les légistes ; sa lutte contre le pape Boniface VIII ; condamnation des Templiers ; les premiers Etats Généraux ; puissance de la royauté ; décadence de cette puissance ; la loi salique.

La civilisation. — Idée de la société au moyen-âge ; les nobles : leurs costumes et leurs armoiries ; un tournoi ; les évêques ; les cathédrales ; les roturiers et les vilains ; affranchissement des serfs ; l'agriculture ; premiers développements de l'industrie ; les corporations d'ouvriers ; une ville au moyen-âge ; renom de l'Université de Paris et de la langue française.

IV. — LA GUERRE DE CENT ANS ET LA PATRIE FRANÇAISE

Philippe de Valois et Edouard III ; *les revers* ; Crécy ; Eustache de Saint-Pierre et les bourgeois de Calais ; Jean le Bon prisonnier à Poitiers ; la misère ; les Etats-Généraux et Etienne Marcel ; la Jacquerie ; traité de Brétigny (1360).

Les succès. — Charles V le Sage et Duguesclin ; Cocherel ; Duguesclin connétable ; les Anglais épuisés sans guerre ; le grand Ferré.

Nouveaux revers. — Charles VI et la mauvaise administration de ses oncles ; la folie du roi ; la guerre civile : les Armagnacs et les Bourguignons ; assassinat de Louis d'Orléans ; Azincourt (1415) ; assassinat du duc de Bourgogne ; traité de Troyes (1420) ; le roi de Bourges.

Succès décisifs. — Jeanne d'Arc et le patriotisme en France ; siège d'Orléans ; sacre du roi à Reims ; mort de Jeanne d'Arc à Rouen (1431).

Les préparatifs pour la guerre : l'armée permanente ; la taille perpétuelle ; Jacques Cœur ; les Anglais chassés de France (1453).

Cours moyen

Revision rapide de l'histoire du Moyen âge (ne rappeler que les grands faits et les grands noms)

LES TEMPS MODERNES

1° Divisions. — Le siècle de la réforme et de la Renaissance ; Le siècle de Louis XIV ; Le 18ᵉ siècle (préparation de la Révolution française).

2° Les grandes inventions. — Le papier et l'imprimerie (les premiers livres) ; La poudre à canon ; La boussole.

Les grandes découvertes : Christophe Colomb et l'Amérique (1492).

3° *Commencements de la royauté absolue.* — Louis XI (1461-1483) sa lutte contre les grands vassaux ; Charles le Téméraire ; Louis XI à Péronne ; Jeanne Hachette à Beauvais ; Charles le Téméraire à Granson et à Nancy ; Louis XI au Plessis-les-Tours : ses acquisitions, son administration.

Charles VIII et Anne de Beaujeu ; La guerre folle ; Réunion de la Bretagne.

4° *Les guerres d'Italie et la Renaissance.* — Idée de la situation de l'Italie et de la France à cette époque ; Charles VIII à Fornoue ; Gaston de Foix à Ravenne ; Bayard et François Ier à Marignan (1515). Administration de Louis XII le père du peuple.

Lutte de François Ier et de Charles-Quint ; Le camp du drap d'or ; Bayard et Bourbon ; Pavie (1525) ; Traité de Madrid ; Alliance de François Ier avec les protestants d'Allemagne et avec les Turcs ; Invasion de la Provence ; Henri II conquiert les Trois-Évêchés.

Abdication de Charles-Quint ; Philippe II vainqueur à Saint-Quentin ; Prise de Calais ; Traité de Câteau-Cambrésis (1559) ; Mort de Henri II.

La Renaissance en France ; Le Cardinal d'Amboise ; Les châteaux et les palais ; Les écrivains ; Le collège de France.

L'autorité royale sous François Ier et Henri II ; La Cour ; Les mœurs.

5° *La réforme religieuse et les guerres de religion.* — Le protestantisme ; Luther et Calvin ; L'intolérance ; Massacre des Vaudois ; Catherine de Médicis ; Michel de l'Hôpital et le parti de la tolérance ; Les Guises ; Coligny ; La Saint-Barthélemy (1572) ; Henri III et la Ligue ; La journée des Barricades ; Assassinats de Henri de Guise, de Henri III.

Henri IV ; Ivry ; Siège de Paris 1590 ; Abjuration de Henry IV ; L'Edit de Nantes (1598).

Maux causés par les guerres de religion ; Reconstitution du royaume ; Henry IV et Sully ; Assassinat de Henri IV (1610).

6° La Monarchie absolue. — Minorité de Louis XIII ; Marie de Médicis ; Les Etats Généraux de 1614 ; Faiblesse de l'autorité royale ; Richelieu ; Lutte contre les protestants (siège de la Rochelle) et les grands (exécutions de Montmorency et de Cinq-Mars) ; Administration de Richelieu ; La marine et les colonies.

Lutte contre la maison d'Autriche dans la guerre de trente ans ; Conquête de l'Alsace, de l'Artois et du Roussillon ; Condé et Turenne ; Condé à Rocroy, à Fribourg ; Traité de Westphalie (1648).

Minorité de Louis XIV ; Anne d'Autriche et Mazarin ; Mauvais état des finances ; La Fronde ; La journée des Barricades : Courage civil de Mathieu Molé ; Charité de Saint-Vincent de Paul ; La politique de Mazarin ; La guerre contre les Espagnols ; Turenne ; Paix des Pyrénées (1659)

Gouvernement personnel de Louis XIV ; Colbert ; Les finances ; Les artisans, les paysans ; Le canal du midi ; La marine et les colonies ; Louvois et l'armée ; Vauban le patriote et les frontières françaises.

Les guerres de Louis XIV ; *Les succès* ; Conquête de la Flandre ; Guerre de Hollande ; Guillaume d'Orange ; Turenne en Alsace ; Sa mort ; Duquesne et la marine française ; Traité de Nimègue (1678).

Apogée de la puissance de Louis XIV : Son orgueil ; Les Chambres de Réunion ; La Révocation de l'édit de Nantes (1689).

Guillaume III roi d'Angleterre et Louis XIV ; La ligue d'Augsbourg contre la France ; Tourville à La Hague ; Les Corsaires ; Exploits de Jean Bart ; Catinat et Luxembourg.

Les revers dans la guerre de la succession d'Espagne ; L'hiver de 1709 ; Les paysans mangent de l'herbe ; Malplaquet ; Villars à Denain (1712) ; Vendôme à Villaviciosa ; Traité d'Utrecht.

Le siècle de Louis XIV : Écrivains et artistes ; Versailles et la Cour ; Mort de Louis XIV ; La France en 1715.

7° Décadence de la Monarchie. — Louis XV ; Le duc d'Orléans ; Le système de Law et les agioteurs ; Le cardinal Fleury ; Guerre de la succession de Pologne (la Lorraine).

La guerre de la succession d'Autriche ; Chevert à Prague ; Maurice de Saxe à Fontenay ; Paix sans avantages d'Aix-la-Chapelle.

Développement de nos colonies ; Dupleix ; Jalousie de l'Angleterre ; La guerre de sept ans ; Frédéric II et la prospérité de la Prusse ; Soubise à Rosbach ; Perte de l'Inde et du Canada (Montcalm) ; Traité de Paris (1763) ; Ruine de la puissance coloniale et maritime de la France.

Choiseul et la Corse ; effacement de la France après la disgrâce de Choiseul ; les partages de la Pologne ; la banqueroute ; l'opposition grandit en France ; Voltaire, J.-J. Rousseau, Diderot ; mort de Louis XV, le plus mauvais roi de toute notre histoire (1774).

Louis XVI. — Son caractère ; Marie-Antoinette ; tentatives de réformes, Turgot et Necker ; opposition des privilégiés.

Rôle glorieux de la France dans la création des Etats-Unis d'Amérique. Washington, Franklin, La Fayette.

Triste situation financière de la France ; opposition entre les institutions vieillies et les vœux de l'opinion publique ; convocation des Etats-Généraux.

Cours moyen (2e Année)

RÉVISION DE L'HISTOIRE MODERNE

1° *La Révolution française* (1789-1804)

Les cahiers des Etats généraux. Les principes de 1789.

L'Assemblée constituante. — Serment du Jeu de Paume. — Mirabeau. — La prise de la Bastille (14 juillet 1789). — La garde nationale et le drapeau tricolore. — La nuit du 4 août. — La Fédération.

Les réformes de la Constituante. — La déclaration des droits de l'homme et du citoyen. — Idée de la Constitution de 1791.

Progrès des idées républicaines sous la *Législative*. — Le 10 août 1792 et la chûte de la royauté.

La Convention (1792-1795). — Girondins et Montagnards. — La 1re République (22 septembre 1792). — Les volontaires de 1792. Valmy, Jemmapes.

Mort de Louis XVI. — Soulèvements à l'intérieur. La Vendée, Marseille et Toulon. — La Terreur, Danton et Robespierre. Le calendrier révolutionnaire.

La lutte contre l'Europe : Carnot l'organisateur de la victoire. Fleurus, occupation de la Belgique, de la Hollande et de la rive gauche du Rhin. Traité de Bâle 1795.

Les grandes créations de la Convention : le système métrique ; les grandes écoles.

Le Directoire (1795-1799). — Faiblesse du gouvernement. Hoche et Bonaparte.. — La campagne d'Italie : Arcole et Rivoli ; Paix de Campo-Formio.

L'expédition d'Egypte ; les Pyramides.

Masséna sauve la France à Zurich.

Bonaparte en France. — Le coup d'Etat du 18 brumaire (1799).

Le Consulat (1799-1804). — Popularité et ambition de Bonaparte. L'organisation administrative et judiciaire de la France. Le Code civil.

Marengo. Paix d'Amiens (1802).

Complots contre le 1er consul. Napoléon empereur.

2° *Le Premier Empire* (1804-1814)

Guerres contre l'Autriche, la Prusse et la Russie. — Les victoires : Austerlitz, Iena, Friedland. — Traité de Tilsitt (1807).

Puissance de Napoléon. Etendue de son empire.

Résistance de l'Angleterre. Le blocus continental.

Gouvernement absolu de Napoléon Ier. Les excès du régime militaire. Suppression des libertés publiques.

Les revers : campagnes d'Espagne (siège de Saragosse) et de Russie (incendie de Moscou). — Passage de la Bérésina. — Soulèvement de l'Allemagne. — Leipzig (1813). — Invasion de la France. — Traité de 1814. — Napoléon à l'Ile d'Elbe.

La première Restauration et les cent jours : rentrée des Bourbons en France. Louis XVIII et la Charte. Les excès des royalistes.

Retour de Napoléon Ier : Waterloo (1815). Nouvelle invasion de la France. Napoléon à Sainte-Hélène. Les traités de 1815. Affaiblissement de la France.

3° *La seconde restauration*

Louis XVIII. — La terreur blanche. — Le maréchal Brune à Avignon. — Mort de Ney. — Le duc de Richelieu et la

libération du territoire. — Les libéraux et les ultra-
royalistes. — Assassinat du duc de Berry. — Le Carbona-
risme.

Charles X, ennemi passionné de la Révolution. — L'in-
demnité d'un milliard aux émigrés. — Les ordonnances
de juillet et la révolution de 1830.

A l'extérieur la France concourt à l'indépendance de la
Grèce. — Navarin. — Prise d'Alger 1830.

Progrès accomplis de 1815 à 1830.

4° La monarchie de juillet (1830-1848)

Idée de la charte de 1830. — Louis Philippe Ier roi des
Français. — Difficultés du gouvernement. — Les principaux
ministères. — Casimir-Périer, Thiers, Guizot et la loi de
1833.

Progrès accompli de 1830 à 1848. — Construction de
routes et de chemins vicinaux. — Les chemins de fer. —
Développement de l'industrie (machines à vapeur) et du
commerce. — Les lettres (Hugo, Lamartine, Musset). —
Les historiens. — Les arts (David d'Angers). — Les sciences
(Ampère et Arago, le télégraphe.)

Politique extérieure de Louis Philippe. — Les demandes
de réforme électorale. — Opposition de Guizot. — Révolution de 1848. — Conquête de l'Algérie. — Abd-el-Kader.
— Prise de Constantine (1837). — Le maréchal Bugeaud. —
Victoire d'Isly. — Prise d'Abdelkader 1847.

5° La seconde République

Le suffrage universel. — Lamartine et le drapeau
tricolore. — Les ateliers nationaux et les journées de juin.
— La Constitution de 1848. — Louis Napoléon, président

de la République. — Fautes de l'Assemblée législative. — Le coup d'Etat du 2 décembre 1851 — La résistance (Baudin). — Les proscriptions *(le département des Basses-Alpes)*. — Rétablissement de l'Empire (2 octobre 1852).

6° Le second empire (1852-1870)

Gouvernement absolu de Napoléon III. — Les attentats. — Orsini. — L'opposition grandissant à partir de 1857.

Travaux à Paris. — Les chemins de fer. — Le canal de Suez. — Les expositions de 1855 et 1867.

Nombreuses guerres : guerre de Crimée ; prise de Sébastopol et traité de Paris 1856. — Guerre d'Italie : Magenta et Solférino 1859 ; Victor Emmanuel roi d'Italie ; la Savoie et le comté de Nice à la France (1860). — Guerre de Chine : prise de Pékin ; occupation de la Cochinchine. — Funeste expédition du Mexique : prise de Mexico. — Revers et mort de Maximilien 1867. — Guerre en Algérie. — Histoire intérieure de 1860 à 1870.

Guerre franco-allemande (1870-1871), les causes : Napoléon III la recherchait et la Prusse la désirait ; Bismark ; la France n'est pas prête ; les défaites ; Wissembourg ; Reischoffen ; Forbach ; Gravelotte ; capitulation de Sédan 1er septembre 1870 ; la chute de l'empire (4 septembre 1870).

7° La troisième République

Le gouvernement de la défense nationale ; l'organisation de la lutte ; Gambetta, de Freycinet ; armées de la Loire, du Nord et de l'Est ; Faidherbe à Bapaume ; victoire de Coulmiers ; résistance de Paris ; mais capitulation de Bazaine à Metz ; retraite de Chanzy sur le Mans ; Bourbaki obligé de passer en Suisse ; Denfert Rochereau à Belfort ;

capitulation de Paris ; le traité de Francfort (mai 1871);
l'émigration des Alsaciens-Lorrains.

L'Assemblée nationale à Versailles; la Commune de Paris;
Thiers, président de la République; la libération du territoire (16 septembre 1872) ; la réorganisation de la France.

Intrigues royalistes : chute de Thiers (mai 1873); Mac-
Mahon, président de la république ; échec des tentatives de
restauration de la royauté ; *la constitution de 1875.*

Les élections républicaines : le 16 mai 1877, Mac-Mahon
donne sa démission (1879).

Les présidents de la République : J. Grévy (1879-1887) ;
Carnot (1887-1894) ; Casimir-Périer.

Les efforts réalisés par la France depuis 1871 : les lois
scolaires ; la loi militaire ; encouragements à l'agriculture,
à l'industrie et au commerce ; les grands travaux (les
chemins de fer) ; les expositions de 1878 et 1889 ; les établis-
sements de bienfaisances.

Le développement colonial : conquête de la Tunisie (1881);
guerre du Tonkin, l'amiral Courbet (1884-1885); la coloni-
sation en Afrique (le Sénégal, Brazza et le Congo); Madagascar.

La France a repris sa place dans le monde.

Pour le *cours supérieur*, on ajoutera au programme du
cours moyen (2ᵉ année) des notions d'histoire ancienne et
d'histoire générale, envisagées surtout au point de vue de
l'histoire de la civilisation : ainsi pour l'Orient, la Grèce et
Rome, on se gardera bien d'entrer dans le détail des évènements politiques ; on montrera simplement ce que la civilisation générale doit à chacun de ces trois noms. Pour le
moyen âge, on reviendra sur les grandes institutions et
l'origine des principaux états Européens. Enfin, pour les
temps modernes, on insistera sur l'histoire de ces états,
envisagée particulièrement dans ses relations avec l'histoire
de la France.

Géographie

CONSIDÉRATIONS GÉNÉRALES

1° La répartition des matières dans les quatre trimestres de l'année a été établie dans un ordre à peu près identique pour chacun des trois cours, afin de faciliter les leçons communes, nos écoles étant pour la plupart à un seul maître.

2° On a réservé pour la dernière période de l'année scolaire l'étude de l'Europe et des autres parties du monde, afin d'assurer aux élèves qui désertent l'école en été au moins la connaissance de leur pays et des phénomènes géographiques les plus importants.

CONSEILS ET DIRECTIONS

L'enseignement de la géographie ne doit pas consister uniquement à apprendre aux enfants des noms et des points géographiques. Il doit viser avant tout à faire connaître des choses et des faits et à rechercher les rapports qui les unissent les uns avec les autres. Il ne doit pas seulement montrer *ce qui est*, mais il doit exciter l'enfant à chercher et à voir *pourquoi* cela est et comment il se fait qu'il n'en peut être autrement. En un mot, l'enseignement géographique ne doit pas exercer exclusivement la mémoire, mais concurremment avec elle l'imagination et le raisonnement.

C'est ainsi qu'on prendra soin de montrer le lien qui unit tous les phénomènes géographiques, qu'on rattachera toujours étroitement la géographie économique à la géographic physique. La géographie des Basses-Alpes fournit un exemple frappant de la nécessité de cette méthode : le relief du sol, le déboisement expliquent le régime des pluies et des torrents ; le régime des eaux, avec la nature du sol, explique la pauvreté économique du département, par suite sa dépopulation, etc.

On donnera autant que possible à la leçon orale la forme pittoresque et descriptive et, au début surtout, la forme intuitive.

La leçon sera exposée à l'aide d'images ou de cartes murales et, quand ce sera utile ou possible, en plein air, sur le terrain. On fera un usage fréquent de la sphère.

Les cartes murales destinées à l'enseignement collectif seront claires, lisibles, sobres d'indications, propres plutôt à donner une bonne impression d'ensemble qu'à permettre l'étude minutieuse des détails.

A propos de l'usage des cartes, il est expressément recommandé de n'en pas faire une étude machinale de lignes et de signes ; il faut, autant que possible, que l'imagination de l'enfant évoque toujours les choses très réelles et très vivantes dont les lignes et les signes ne sont que la représentation conventionnelle, ou, tout au plus, l'apparence extérieure très simplifiée.

Dans les croquis à faire en devoirs par les élèves, on se gardera de faire intervenir des données trop nombreuses et d'habituer les enfants à des procédés de construction compliqués. On s'attachera à obtenir que, dans ces tracés, ils observent les proportions du modèle et arrivent vite à en reproduire de mémoire la physionomie générale à peu près exacte.

Cours élémentaire

Noтa. — Pour le *cours préparatoire*, on ne prendra dans le programme ci-dessous que des causeries et des observations sur les phénomènes géographiques les plus ordinaires, les principaux accidents du sol, le pays natal, à propos duquel on pourra définir quelques termes de géographie.

1ᵉʳ TRIMESTRE

Le ciel et les étoiles. — Le soleil, la terre et les planètes. — La lune. — Rotondité de la terre. — Ses mouvements et ceux de la lune. — Les divisions du temps.

Idée de la carte, plan de l'école, du quartier, de la localité; carte du canton, du département, etc.: la sphère.

Points cardinaux, orientation; orientation d'une carte.

Accidents géographiques : 1° Ceux de la surface terrestre; 2° ceux de la surface des mers; 3° ceux que l'on rencontre sur le littoral, ligne de contact de l'eau et de la surface terrestre. — Leur mode de représentation sur les cartes.

Régions tropicales. — Régions tempérées. — Régions glaciales : détails caractéristiques relatifs à la végétation et à la faune. Les grandes races humaines.

La commune, son territoire; quartiers, rues et édifices, orientation. — Description physique. — Agriculture, industrie commerce. — Voies de communication. — Evènements historiques. — Grands hommes. — Même étude pour le canton et le département.

Révision trimestrielle.

2ᵉ ET 3ᵉ TRIMESTRES

La France. — Position, étendue, limites. Les montagnes de la France (descriptions pittoresques) Massif Central. — Cévennes, Pyrénées, Vosges, Jura, *Alpes.* — Les grands fleuves, leurs principaux affluents; caractères et principales villes arrosées. Les cours d'eau des Basses-Alpes. — *Le climat* de la France : nord et midi. Régions maritimes et

Cours moyen

1ᵉʳ TRIMESTRE

Révision, avec quelques détails complémentaires, du programme du cours élémentaire, en ce qui concerne l'univers, le système planétaire, la terre et la lune, leurs mouvements, les plans, cartes, globes, les points cardinaux, l'orientation, les termes géographiques, les grandes divisions du globe (zônes, océans et continents, parties du monde, contrées, etc.

Retour sur l'étude de la localité et de la région environnante. Etude détaillée de la géographie du département des Basses-Alpes : Situation, étendue, limites. Aspect, relief, principaux massifs. — Torrents, cours d'eau et leur régime. — Curiosités naturelles. Productions végétales. Cultures et arbres fruitiers. Irrigations. Productions animales. L'élevage. La chasse et la pêche. Produits des mines et des carrières. Etat de l'industrie. Routes et chemins de fer. Population. Densité. Divisions administratives. Localités remarquables. Court historique. Hommes célèbres du département. Principaux articles de commerce. (L'étude du département pourra être placée à la fin de l'année, pour donner plus de temps à la géographie de la France.)

Révision trimestrielle.

2ᵉ TRIMESTRE

La France. Sa situation en Europe. Les avantages qu'elle en tire. Limites, superficie. Nature et relief du sol. Principaux massifs : étendue, aspect général, grandes divisions, sommets et passages principaux. Massif central. Cévennes. Pyrénées, Vosges, Jura, Alpes. Massifs secondaires et plateaux. La plaine française, ses grandes divisions et leurs communications naturelles. *Le régime des pluies et les cours d'eau :* les grands fleuves et leur domaine. Description des cours d'eau et des grands affluents, villes arrosées, pente, régime, navigabilité.

Climat de la France. Principales régions

régions continentales. *Le littoral* : principaux aspects que lui donnent le relief, l'embouchure des fleuves et les agents atmosphériques : Dunes, falaises, rochers, lagunes, étangs, deltas, estuaires. — Les principales régions de la France (cette étude pourra être rattachée à celle du relief). — Plaines du nord, plaines de Paris et de Champagne. — Plateau lorrain. — Plaines et collines de Normandie. — Bretagne et Vendée. — Plaines de la Loire. — Massif central. — Plaines du Sud-Ouest. — Région des pyrénées. — Région du Jura. — La vallée du Rhône et les plaines du Languedoc. — La Provence *et la région des Alpes.*

Les produits du sol et du sous-sol. — Cultures alimentaires : céréales, pommes de terre, *arbres fruitiers, la vigne, pâturages* et animaux domestiques, *troupeaux transhumants.* — Cultures industrielles : betterave, tabac, œillette, colza, *olivier,* principaux centres des industries alimentaires.

Industries textiles, principaux centres.

Produits du sous-sol : la houille et le fer.

climatériques. Le littoral, mers, aspect des côtes, ports, phares, etc.

France économique. — Productions végétales, animales et minérales et leurs centres de production. Productions industrielles. Insister sur les industries métallurgiques, alimentaires et textiles.

Voies de communications : fleuves et rivières, canaux, routes et chemins de fer ; voyages sur la carte. Les grands ports de commerce.

Le commerce extérieur. Principaux pays en relations avec la France et principaux articles de commerce échangés.

France politique. — Anciennes divisions et anciennes limites. Rappeler le nom des anciennes provinces. Ses départements avec leurs chefs-lieux et les villes importantes étudiés de préférence par régions naturelles comme au cours élémentaire. Insister sur la *région alpestre* et sur la *Provence.* Mouvement de la population en France. *L'émigration.* Les *Bas-Alpins en Amérique*

Révision trimestrielle.

Produits de la mer : la pêche, les grands ports de pêche.

Canaux. — Chemins de fer. — Les grands ports. — Commerce extérieur (notions très sommaires). — Les départements et leurs chefs-lieux.

Les colonies françaises : l'Algérie, la Tunisie et les colonies africaines. Les colonies d'Asie et d'Océanie. — Les colonies américaines.

Révision de la géographie de la France.

4ᵉ TRIMESTRE

L'Europe : situation, étendue grands fleuves et principales montagnes par comparaison avec la France. — Nommer les Etats voisins de la France et les autres grands Etats, ainsi que les grandes capitales.

L'Asie, l'Afrique, l'Amérique l'Océanie. Donner une idée de leur étendue et de leur variété d'aspect. Les grands océans qui les séparent. — Les plus grandes chaines de montagnes et les plus grands fleuves de la terre. — Les climats, les déserts, les forêts

3ᵉ ET 4ᵉ TRIMESTRES

L'Europe. — Bornes et étendue. Région de plaines et région de montagnes. Climats. Hydrographie (n'étudier que les fleuves caractéristiques). Mers et rivages : avantages que tire l'Europe de sa configuration. Grands Etats ; grandes cités ; productions ; commerce avec la France.

Asie, Afrique, Amérique et Océanie. — Même étude que pour l'Europe, mais plus succincte, en insistant surtout sur la géographie physique et économique et sur les colonies européennes.

Etude plus particulière des *colonies françaises* : Géographie physique, politique et économique. Les considérer surtout au point de vue de leurs relations avec la France. Algérie et Tunisie. Sénégal et Soudan français. Golfe de Guinée. Gabon et Congo. Madagascar et îles voisines. L'Indo-Chine et l'Inde française. — Colonies de l'Océanie. Antilles françaises. Guyane, Saint-Pierre et Miquelon ; les pêcheurs de Terre-Neuve.

vierges, les glaces polaires. — Les végétaux et les animaux caractéristiques de chaque continent. — Les grandes races humaines. Citer les principaux Etats et les grandes colonies européennes.

Révision générale.

Communications des colonies avec la métropole.

Révision générale.

Cours supérieur

Même programme que pour le cours moyen. On reprendra seulement, avec plus de détails, la *géographie économique* de la région, de la France, de l'Europe et des autres parties du monde. On insistera aussi tout particulièrement *sur les colonies françaises.*

Calcul et Système métrique

CONSIDÉRATIONS GÉNÉRALES

L'enseignement du calcul et du système métrique devra revêtir un caractère essentiellement pratique : c'est dire qu'il faudra en bannir soigneusement les définitions et les règles inutiles, les subtilités, les démonstrations ou les explications purement théoriques, tout en s'attachant, dans les leçons comme dans les exercices oraux ou écrits, à habituer les enfants à raisonner, à se rendre compte de ce qu'ils font.

Le *calcul mental* devra aller de pair avec le calcul écrit et il fera l'objet de leçons spéciales, très fréquentes, dans les différents cours.

Des exercices oraux précéderont toujours les exercices écrits. Pour les uns comme pour les autres, l'instituteur s'inspirera, dans le choix des sujets, des circonstances de la vie usuelle et des besoins locaux ; les données des problèmes se rapprocheront toujours, autant que possible, de la réalité.

Pour le système métrique, *des exercices pratiques* se joindront aux exercices oraux et écrits : les enfants seront exercés à reconnaître les mesures et à s'en servir, .

REMARQUE. — Il est indispensable, pour donner aux débutants une idée exacte des nombres et de la numération, ainsi d'ailleurs que pour leur faire comprendre le rôle des quatre opérations, de donner l'enseignement sous une forme concrète. Dans ce but, on recommande, surtout au début du cours, l'usage des bûchettes, des objets usuels, pour exercer les enfants à calculer, à reconnaître et à former les nombres. Les exercices seront surtout oraux et porteront toujours sur des nombres concrets.

NOTA. — Le programme ci-dessous a été établi pour faciliter les leçons collectives aux divisions élémentaires; mais il ne saurait s'appliquer intégralement à la 1ʳ année et le maître devra faire un choix pour les débutants entre les matières indiquées.

1ᵉʳ TRIMESTRE

Calcul. — Donner aux enfants, à l'aide d'objets usuels, l'idée de la formation des dix premiers nombres. Les représenter, sous une forme concrète d'abord, puis à l'aide de chiffres : ne passer à d'autres exercices que lorsque ces premières notions sont parfaitement assurées.

Exercices de calcul oral sur les dix premiers nombres : addition, puis soustraction des nombres concrets.

La dizaine: De 10 à 100: vingt, trente, etc. — Figuration et lecture au tableau noir, puis sur l'ardoise, des nombres étudiés. — Étude des nombres compris entre 10 et 20, 20 et 30. etc. jusqu'à 100. — Écriture et lecture de ces nombres, composition et décomposition à l'aide des bûchettes.

Additions et soustractions *orales* de nombres d'un seul chiffre ; additions et soustractions *écrites* de nombres de deux chiffres compris dans les cinq premières dizaines:

Table de multiplication par 2 ; faire trouver les produits par les élèves eux-mêmes à l'aide de procédés concrets.

La centaine. — De 100 à 1.000. — Procéder comme pour la dizaine. — Additions et soustractions *orales* de nombres de deux chiffres compris dans les cinq premières dizaines.

Table de multiplication par 3, 4 et 10. — Petits problèmes oraux et écrits servant d'exercices d'application.

Donner l'idée de ce qu'est un *dixième*; expliquer l'expression *déca* (comparer avec *dizaine*).

Système métrique. — Montrer le mètre et le litre; le décimètre et le décilitre; le décamètre et le décalitre. Faire saisir, au moyen d'exercices pratiques, les rapports qui existent entre ces mesures. (Le décamètre peut

1ᵉʳ TRIMESTRE

Arithmétique. — Numération des nombres entiers et des nombres décimaux. Explication du principe qu'un nombre décimal ne change pas de valeur quand on écrit ou qu'on supprime des zéros à sa droite. — Rendre un nombre entier ou un nombre décimal 10, 100, 1,000 fois plus grand ou plus petit. — Chiffres romains.

Addition et soustration des nombres entiers et des nombres décimaux : règles pratiques, preuves.

Multiplication des nombres entiers et des nombres décimaux : principes, différents cas, preuves ; la virgule du produit. Table de multiplication. Division des nombres entiers et des nombres décimaux : règles pratiques ; trouver le quotient à 0,1 ou 0,01 près.

Calcul mental. — Exercices sur la numération ; addition et soustration des nombres entiers et décimaux ; multiplications et division des nombres entiers. Procédés généraux. Exercices sur le système métrique, exercices écrits sur les 4 opérations, avec solutions raisonnées.

Système métrique. — Notions générales. Avantages du système *décimal*. Ce qu'on entend par mesures, par unités de mesure. Les nommer. Préfixes applicables aux unités de mesure pour la formation des multiples et sous-multiples. Mesures effectives.

Mesures de longueur. Multiples et sous-multiples, mesures effectives. Forme et usages. Mesures itinéraires. Mesures de superficie. Mesures agraires. Numération centésimale des mesures de superficie.

Nombreux exercices oraux et écrits.

2ᵉ TRIMESTRE

Arithmétique. — Révision des principes relatifs à la numération et aux quatre opérations.

Caractères de divisibilité par 2, 3, 5, 6 et 9. Applications, simplification des calculs.

être figuré au besoin par une simple ficelle déroulée, dont la division en mètres sera marquée par des nœuds.)

Le franc et les monnaies les plus usuelles.

Calcul. — Numération. — Révision méthodique des nombres de 1 à 1.000. — Compter de 100 à 1.000 par unités, par dizaines et par centaines. — Lecture et écriture des nombres de trois chiffres.

Table de multiplication par 5, 6, 7, 8, et 9.

Addition et soustraction. — Les nombres employés ne devront pas donner de totaux supérieurs aux nombres à l'étude. — Pour la soustraction, se borner au 1er cas : tous les chiffres du nombre supérieur sont plus grands que leurs correspondants du nombre inférieur. — Multiplication : deux chiffres au multiplicande, un seul au multiplicateur.

Procédés élémentaires de vérification de l'addition, de la soustraction et de la multiplication.

Donner aux enfants, à l'aide d'exemples concrets, l'idée de ce qu'est la *moitié* d'une chose, d'un nombre ; le *tiers*; le *quart*. explication de *centième*, *hecto*.

Fractions décimales et nombres décimaux: *dixièmes* et *centièmes*: lecture et écriture. — Addition et soustraction.

Preuve par 9 de la multiplication et de la division. — Fractions : idée des fractions ordinaires. Numérateur, dénominateur. Ce qui arrive si l'on augmente ou si l'on diminue le numérateur ou le dénominateur ; si l'on multiplie ou si l'on divise les deux termes par un même nombre (constatations expérimentales, règle.) Simplification. Réduction au même dénominateur. Addition et soustraction. Conversion en fractions décimales.

Calcul mental. — Table de multiplication. Exercices sur les fractions et sur le système métrique. Les 4 opérations combinées deux à deux. Procédés particuliers : multiplication par 5, 50, 500; par 25, 250; par 125; par 11, 9, 19, 29, 49, etc. Division par 5, 50, 500 ; 25, 250 ; 125.

Calcul écrit. — Problèmes raisonnés sur les quatre opérations et surtout sur la division, sur les fractions ordinaires, etc. Applications au commerce local.

Système métrique. — Mesures de volume. Le mètre cube, ses sous-multiples. Mesures

Calcul mental. — Exercices sur la numération. — Exercices gradués sur des nombres entiers concrets (les trois premières opérations).

Problèmes oraux et écrits sur les trois premières opérations non combinées.

Système métrique. — Explication des termes *déci.centi, déca, hecto.* — Le mètre, le litre, le gramme. — Multiples et sous-multiples (déci. centi, déca, hecto). Lecture et écriture. Exercices oraux et écrits d'application. Exercices pratiques destinés à établir expérimentalement les relations qui existent entre les unités, leurs multiples et sous-multiples.

3e TRIMESTRE

Arithmétique. — Numération: les mille, la série des mille. La dizaine et la centaine de mille. Les millions. Règles générales pour la lecture et l'écriture des nombres entiers. Rôle du zéro. Les dixièmes, les centièmes (révision) et les millièmes. Ecriture et lecture des nombres décimaux.

Additions. Soustractions (2e cas: compensation). Table de multiplication. Multiplications (2 chiffres au multiplicateur) de nombres entiers et de nombres décimaux.

Division des nombres entiers: Idée de la division. Exercer les enfants à diviser des

pour le bois de chauffage — multiples et sous multiples. Mesures effectives.

Mesures de capacité. Le litre— multiples et sous-multiples. Rapports entre les mesures de capacité et les mesures de volume. Mesures effectives. Exercices oraux et écrits d'application.

3e TRIMESTRE

Arithmétique. — Révision des fractions ordinaires. Multiplication des fractions. Division d'une fraction par un nombre entier.

La règle de trois et ses applications : intérêt, escompte. Règles de société, de partage proportionnel.

Notions très élémentaires sur les règles de mélange et d'alliage.

Notions sur les rentes, les caisses d'épargne, les caisses de retraite.

Notions sur la mesure du temps ; principales unités et leur valeur. Exercices oraux et écrits.

nombres entiers par 2, 3, 4, 5, sans poser d'opérations.

Calcul mental : sur les quatre opérations, séparément d'abord, puis combinées deux à deux.

Exercices et problèmes oraux et écrits, avec solutions raisonnées.

Système métrique. — Milli-kilo. Le millimètre, le millilitre, le milligramme, le kilomètre, le kilogramme. Le mètre, ses multiples et sous-multiples. Montrer la chaîne d'arpenteur. Faire mesurer. Exercices oraux et écrits d'application.

4ᵉ TRIMESTRE

Arithmétique. — Numération. Révision.

Exercices d'application : additions ; soustractions ; multiplications (trois chiffres au multiplicateur ; un zéro intercalé au multiplicateur.)

Divisions. Nombres de plusieurs chiffres par des nombres d'un seul, puis de deux chiffres (nombres entiers seulement). Comment on rend un nombre entier ou un nombre décimal 10, 100, 1,000 fois plus grand ou plus petit.

Calcul mental : Addition et soustraction des nombres entiers et des nombres décimaux. — Multiplication et division des nombres entiers.

Calcul mental. — Sur les quatre opérations appliquées aux nombres entiers, aux nombres décimaux et aux fractions. Procédés particuliers : multiplication d'un nombre quelconque par 0,5, par 0,25, par 0,125, par 0,75 ; division d'un nombre quelconque par 0,1 ; 0,01 ; 0,001 ; par 0,2 ; 0,02 ; 0,002 ; par 0,5 ; 0,05 ; 0,005 ; par 0,25 ; par 0,75.

Système métrique. — Poids, multiples et sous-multiples. Poids employés. Calcul du poids d'un volume d'eau pure. Idée de la densité.

Monnaies. Le franc, ses sous-multiples. Les pièces de monnaie. Poids des pièces. Titre des monnaies. Problèmes d'application.

4ᵉ TRIMESTRE

Révision générale et problèmes récapitulatifs.

Calcul écrit : Problèmes sur les trois premières opérations combinées, et sur la division,
seule d'abord, puis combinée avec l'addition
ou la soustraction.

Système métrique. — Le litre, ses multiples et sous-multiples usuels.

Le gramme, ses multiples et sous-multiples.

Les monnaies. — Nombreux exercices
d'application.

Révision générale.

Cours supérieur

On reviendra sur le programme du cours moyen, avec développement, d'une part, pour la théorie et le raisonnement ; d'autre part, pour la recherche des procédés rapides, soit de calcul mental, soit de calcul écrit.

On insistera sur les problèmes d'intérêt, d'escompte, de partage, de moyennes, etc.

Enfin, on pourra enseigner les premières notions de comptabilité.

Géométrie

CONSEILS ET DIRECTIONS

On a réuni l'enseignement de la géométrie à ceux du dessin et du travail manuel — d'abord pour faciliter l'étude de ces matières qui ont entre elles une parenté évidente — et aussi pour montrer que l'étude de la géométrie, à l'école primaire, doit revêtir un caractère essentiellement pratique et que, dans aucun cours, on ne devra aborder la théorie pure.

Dessin

CONSEILS ET DIRECTIONS

1° Le dessin doit être enseigné. Il ne faut donc pas se contenter de mettre devant les élèves un modèle à reproduire. Il faut les guider pas à pas dans l'exécution de leur travail et leur montrer que chaque construction doit passer par plusieurs étapes suivant un ordre logique.

2° Savoir voir un objet et le reproduire tel qu'on le voit ou suivant des conventions déterminées, tel est l'objet de l'enseignement du dessin à l'école primaire.

3° La tenue du corps et du papier sera soigneusement surveillée. Le papier ne doit pas être tourné en tous sens ; il faut, au contraire, que le dessin que l'élève exécute soit toujours devant lui dans la même position que le modèle.

4° Le crayon à dessin ne doit jamais être mouillé. Il ne doit pas, par suite, être trop dur.

5° Dans les exercices que l'on passe à l'encre à main levée, il faut veiller à la tenue de la plume dont les deux becs doivent marcher parallèlement sur le papier, sauf pour les hachures.

6° Dans le cours élémentaire, les exercices seront exécutés sur du papier ponctué au centimètre et absolument à main levée. Les ardoises et papier quadrillés seront proscrits.

7° Dans la première année du cours moyen on se servira de papier uni et on n'emploiera pas d'autre instrument que le crayon et la plume.

8° Dans la deuxième année du cours moyen et dans le cours supérieur, les exercices indiqués aux numéros 1 à 8 seront faits sur papier uni et à main levée. Les exercices du n° 9 seront exécutés avec les instruments, compas, équerre, double décimètre.

9° Dans le cours supérieur on consacrera la moitié de l'année aux exercices des n°° 9 à 11.

10. Il sera, autant que possible, établi une étroite corrélation entre les exercices du n° 10 et les opérations d'arpentage et la levée des plans sur le terrain.

Travaux manuels

CONSEILS ET DIRECTIONS

1° La géométrie, le dessin et le travail manuel devront toujours se prêter un mutuel concours.

2° Les exercices de travail manuel devront être éxécutés et démontrés oralement devant les élèves par le maître ou la maîtresse qui devront, au préalable, préparer leur leçon afin de ne pas s'exposer à donner un modèle imparfait.

3° Les travaux les mieux exécutés seront conservés.

GÉOMÉTRIE	DESSIN	TRAVAIL MANUEL
Donner l'*idée* des principales espèces de lignes et des surfaces les plus simples ; exercer les enfants à les reconnaître, à les distinguer et à les nommer, sans leur en donner la définition. — Ces notions élémentaires leur seront présentées à l'aide des exercices de dessin et de travail manuel indiqués ci-contre, ainsi qu'au moyen d'objets usuels qu'on placera sous leurs yeux.	1. Tracé des lignes droites .... { horizontales verticales. obliques. parallèles. 2. Division des lignes en .... { 2. 4. 8. 16. 3. 6. 12. 9. 5. 7. } parties égales 3. Construction des angles............... { droits. moitié d'un droit. 1/3 d'un droit. 4. Construction du carré. Diagonales médianes. 5. Figures composées d'applications du carré, bandes, carrelages, hachures. 6. Construction de rectangles à rapports déterminés entre les côtés. 7. Figures composées d'applications du carré et du rectangle. Triangles rectangles. 8. Losanges. 9. Combinaison de carrés, rectangles, losanges, triangles.	1. Exercices de pliage et de tissage. 2. Construction de carrés, de rectangles, de triangles, de losanges en papier. 3. Reproduction, par application de papier de couleur, des exercices indiqués aux nᵒˢ 4 à 9 des exercices de dessin. 4. Construction d'objets de fantaisie, tels que cocottes, bateaux, etc.

— 81 —

GÉOMÉTRIE	DESSIN	Travail manuel
Même programme que pour le *Cours élémentaire*, mais plus complet : définitions et tracés élémentaires des lignes, angles, surfaces, volumes. — Mesure des lignes, surfaces et volumes usuels. 1ᵉʳ *Trimestre*. — Les différentes sortes de lignes. — Divisions des lignes. — Les *angles*, définition. Comment on peut les mesurer. — Mesure de la *circonférence*. *Carré*. — *Rectangle*. — *Triangle*. — *Parallélogramme*. — *Trapèze*. — *Cercle* : Définitions, tracés, calcul des surfaces. 2ᵉ *Trimestre*. — Le losange. — Les figures irrégulières. — Comment on peut en trouver la surface. *Le cube*. — Définition. — Volume. — Surface développée. *Le parallélipipède rectangle*. — Même étude que pour le cube. — Applications. 3ᵉ *Trimestre*. — Le *cylindre*. — Le *prisme*. — La *pyramide et le cône* : définitions, surfaces développées. — Calcul du volume. — Applications usuelles.	1. Perpendiculaires et obliques, angles, parallèles. 2. Construction et division du carré et du rectangle. 3. Construction des triangles, parallélogrammes et trapèzes. 4. Applications et combinaisons du carré ; du rectangle, du triangle, du parallélogramme, du trapèze, hachures. 5. Circonférences, rayons, diamètres, cordes. 6. Polygones réguliers, convexes et étoiles. 7. Carrelages variés, bordures grecques. 8. Dessin à vue d'objets usuels construits par application du carré, du triangle, du rectangle, du trapèze et du losange, tels que : équerre, té, chassis de porte et de fenêtre, damier, niveau de maçon, échelles, tabourets, grillages, guérite. maçonnerie (et mise à l'encre des dessins). 9. Solides géométriques, cube, primes, cylindre.	1. Reproduction au moyen de papier de couleur et par superposition des exercices de dessin indiqués aux numéros 4 à 8 géométriques simples et 2. Développement et construction de solides d'objets en cartonnage, boîtes.

— 83 —

GÉOMÉTRIE	DESSIN	Travail manuel
Notions pratiques sur les volumes et applications du système métrique. (Révision.)	1. Combinaisons du carré et du cercle. — Rosaces. 2. Courbes usuelles. — Ellipse, spirale. — Combinaison du carré, du cercle, de l'ellipse et de la spirale. — Grillages. 3. Dessins et ornements empruntés au règne végétal. — Feuilles (lis, caoutchouc, laurier, lierre, chêne, fraisier, platane, vigne, ellébore, rosier, marronnier d'Inde, etc. 4. Dessins, d'après l'estampe ou le modèle au tableau noir, des ornements tels que : perles, pirouettes, rais de cœur, oves. 5. Rinceaux, feuilles d'acanthe, lotus, palmettes. 6. Objets usuels construits avec des droites et des courbes tels que marteau, maillet, hache, soufflet, tenailles, verre à pied, entonnoir, flacon, seau, broc, cruche, lampe. 8. Vases ornés et vases décoratifs, moulures. 9. Etude et usage des échelles. 10. Croquis côtés de surfaces planes. 11. Croquis côtés d'objets en relief. — Meubles de forme simple et représentation de ces objets à une échelle donnée.	Construction en papier ou en carton des sujets de dessin des numéros 1, 2, 3, 4, 5 et 10.
Opérations d'arpentage et de levé de plans sur le terrain.		(Voir au programme de géométrie.)

Sciences

—

CONSEILS ET DIRECTIONS

1° Le cours de sciences à l'école primaire n'est autre chose que la suite des leçons de choses.

2° Pour cet enseignement, il est inutile que les élèves aient un manuel entre les mains.

3° Les maîtres doivent préparer avec soin leurs leçons, se tracer le plan de leur exposition, réunir les objets ou les gravures qu'il sera nécessaire de montrer et de faire manier aux élèves et préparer les petits appareils destinés aux expériences.

4° Un résumé préparé par le maître ou un devoir fait par les élèves doit suivre chaque leçon de sciences.

5° En répartissant sur les différents mois de l'année les leçons de choses du programme du cours élémentaire, on ne devra pas se préoccuper de suivre un ordre logique scientifique, mais plutôt de placer les leçons à des époques où il soit facile d'avoir sous la main les objets qu'il sera indispensable de montrer aux enfants :

On placera par exemple la leçon sur la vigne et le vin en octobre ; la leçon sur la neige et la glace, la leçon sur le chauffage, en hiver ;

Les leçons sur les végétaux en mai ou juin, etc.

6° On trouvera pour l'enseignement scientifique des indications précises et pratiques dans le *commentaire illustré des programmes officiels de M. Réné Leblanc, lib. Larousse.*

7° Des promenades seront organisées de manière à donner à l'enseignement scientifique et agricole un caractère concret et pratique. On en profitera pour recueillir des échantillons pour le musée scolaire.

8° Rien ne sera négligé pour donner aux élèves des habitudes de propreté.

9° On veillera sur leurs attitudes en classe afin que celles-ci ne puissent compromettre leur santé et le développement de leurs organes.

SCIENCES PHYSIQUES ET NATURELLES ET LEURS APPLICATIONS

Cours élémentaire

L'homme et ses besoins

Corps humain. Membres et organes des sens. — Aliments et industries qui les produisent. Indigestions.—Vêtements et industries qui y concourent. — Habitation. Chauffage et éclairage. Le froid et la chaleur. — Imprimerie. Papier.

Les animaux

Animaux utiles. Services et produits. Animaux nuisibles. — Le labourage.

Les végétaux

Les végétaux : graines, fleurs, fruits, feuilles, racines. Plantes utiles. Remèdes des champs. Le blé, la vigne, céréales, fourrages. Plantes nuisibles. Poisons.

Les phénomènes naturels

L'air. Le vent. Les ballons. Moulins à vent. — Le froid. Neige. Glace. Rhumes.— L'eau. La vapeur. Chemins de fer. Bains. Blanchissage. Savon. Propreté. Les poissons. Moulins à eau.—Les orages. Tonnerre et paratonnerres. Grêle, pluie, arc-en-ciel.

Sciences	Applications
L'homme	
Squelette, système nerveux. Organes des sens, circulation. Respiration. Digestion. Aliments et boissons : azotés, combustibles.	Comment se forment les os. Utilité de la gymnastique. Abus de l'alcool et du tabac. Hygiène des sens. Nécessité de l'air pur. Conséquences de l'intempérance. Procédés de conservation des aliments.
Les animaux	
Les quatre embranchements. Principaux caractères de chaque groupe.	Animaux utiles, animaux nuisibles. Soins à donner aux animaux domestiques.
Les végétaux	
Racine, tige, fleur, fruits, végétation. Les trois embranchements.	Bouture, taille, greffe. Choix des semences.
Principales familles	
Légumineuses, crucifères, ombellifères, rosacées, solanées, labiées, composées, amentacées, conifères, graminées, liliacées, fougères mousses, champignons.	Culture des végétaux. Plantes médicinales. Plantes vénéneuses. Herborisations.
Les minéraux	
L'écorce terrestre, terrains fossiles, alluvions.	Etude des principaux sols de la région. collections.
Physique et chimie	
L'air, l'atmosphère, les vents, pression atmosphérique, baromètres, pompes, ballons, siphon.	Aération des appartements, des écuries et étables. Aération des racines, hersages, binages. Rôle de l'air dans la respiration et la circulation. Asphyxie, noyés, pendus. Tirage des cheminées et appareils de chauffage.

L'eau

Les trois états. Sa composition. Rôle et usages de l'eau. Eau distillée. Pluie. Vapeur d'eau, nuages, brouillards, rosée. Evaporation, vaporisation, ébullition, machine à vapeur. La neige, la glace, la grêle.

Eaux potables. Filtres. Germination des graines. Arrosage. Drainage. Bains. Inconvénients de l'humidité pour les habitations. Utilité de la neige. Influence du froid sur l'homme. Rhumes. Effets de la gelée sur les plantes, les habitations.

La Chaleur

Utilité de la chaleur. Ses effets. Dilatation. Applications de la dilatation. Maximum de densité de l'eau. Thermomètres Conductibilité. Chaleur rayonnante.

Influence de la température sur les cultures, cloches, chassis, couches, serres, ados. Chauffage des appartements. Divers appareils. Avantages et inconvénients. Vêtements.

La lumière

Différents genres d'éclairage. Miroirs, lentilles, arc-en-ciel, prisme.

Influence de la lumière sur la végétation. Influence de la lumière sur la vue, myopie, presbytie.

Pesanteur

Attraction terrestre. Leviers. Balances. Equilibre des liquides. Puits artésiens. Jets d'eau. Niveau d'eau.

Electricité et magnétisme

Corps conducteurs, corps isolants, Pouvoir des pointes. Paratonnerre. Foudre. Télégraphes. Boussole.

Précautions à prendre en temps d'orage. Soins à donner aux foudroyés.

L'oxygène et l'hydrogène

Acides. Bases. Sels. Préparation.

Rôle de l'oxygène et de l'hydrogène en agriculture.

Sciences	Applications

L'*azote*

| Ammoniaque. Acide azotique. | Rôle de l'azote en agriculture. Engrais azotés, guano. L'azote dans les aliments. |

Le *Carbone*

| Acide carbonique, oxyde de carbone, houille, gaz d'éclairage, charbon de bois. | Respiration des plantes. Danger de garder des produits végétaux frais dans les chambres à coucher. Eau de seltz. |

Le *soufre*

| Acide sulfurique. Acide sulfureux. Sulfates. | Soufrage de la vigne. Emploi du sulfure de carbone. Engrais sulfatés. |

Le *phosphore*

| Les allumettes, la chaux, la potasse, la soude, sel verre. Le fer et les principaux métaux. | Engrais phosphatés. Rôle de ces matières en agriculture et dans l'économie domestique. |

Chant

—

Cours élémentaire

CONSEILS ET DIRECTIONS

On se contentera dans ce cours d'apprendre aux enfants des chants au moyen de l'audition. Une douzaine de morceaux peuvent être appris dans le courant de l'année scolaire. Ces chants, simples et bien rythmés, seront d'abord chantés par le maître ou joués sur un instrument, puis répétés par cœur à l'unisson. L'instituteur ou l'institutrice s'appliquera à corriger les mauvaises habitudes et à obtenir une exécution correcte et une interprétation intelligente et agréable.

Exemples de morceaux à faire apprendre :
(à titre d'indication)

1° La rosée. Lyre des écoles, chez Belin, Paris. 1er partie.

2° La chanson des coucous, — —

3° Matinée de printemps, — 2e partie.

4° Chante, chante, petit oiseau. Manuel Gautié, 28, rue Meslay, Paris.

5° L'abeille et les fleurs, Manuel Gautié, 28, rue Meslay, Paris

6° Le drapeau de la France, Manuel Gautié, 28, rue Meslay, Paris.

7° La ronde des moissons, Manuel Gautié, 28, rue Meslay, Paris.

8° La cloche. Les petits chants, par F. Comte, A. Colin, Paris.

9° La patrie. Les petits chants, par F. Comte, A. Colin, Paris.

10° Berceuse. Les petits chants, par F. Comte, A. Colin, Paris.

11° Restons français. Les petits chants, par F. Comte, A. Colin, Paris.

Cours moyen

1ᵉʳ TRIMESTRE

On appellera l'attention des élèves sur les différents sons produits par divers objets (cloche, pendule, clochette, sifflet. choc d'un verre, chant des oiseaux), afin de leur faire acquérir par expérience les notions d'intensité, de hauteur et de timbre. Noms des sons. Portée, connaissance des notes. Etude de trois morceaux appris au moyen de l'audition comme dans le cours élémentaire.

2ᵉ TRIMESTRE

Clef de sol. Durée des sons : ronde, blanche, noire. Exercices pratiques d'intonation. Le diapason. La mesure à deux temps. Etude de trois nouveaux morceaux chantés à l'unisson.

3ᵉ TRIMESTRE

Mesures à 3 et à 4 temps. Les silences : pause, demi pause, soupirs, signes qui les représentent; chant de la gamme dans les mesures apprises et avec des mouvements divers. Etude de trois nouveaux morceaux dont un chœur à deux parties.

Révision des notions théoriques. Les morceaux appris seront repris et perfectionnés.

La liste suivante fournira des indications utiles :

1ᵉ Chant d'exil. Lyre des écoles, chez Belin, Paris.

2° Réveil, chœur à 2 voix,   —

3ᵉ A la France,   —   —

4° Que les oiseaux sont heureux, Manuel Gautié, 28, rue Meslay, Paris.

5° Le départ du régiment, Manuel Gautié, 28, rue Meslay, Paris.

6° Bonne nuit, Manuel Gautié, 28, rue Meslay, Paris.

7° Les méchants n'ont pas de chanson, Manuel Gautié, 28, rue Meslay, Paris.

8° Le réveil des bergers, Manuel Gautié, 28, rue Meslay, Paris.

9° La chasse au cerf, Manuel Gautié, 28, rue Meslay, Paris.

10° Les aïeux. Petits chants, par F. Comte, A. Colin, Paris.

11° Le Régiment. Petits chants, par F. Comte, A Colin, Paris.

12° Le Forgeron. Petits chants par F. Comte, A. Colin, Paris.

13ᵉ Petits soldats. Petits chants par F. Comte, A. Colin, Paris.

14° Les petits malheureux. Claude Augé, chez Larousse.

15° Le petit poltron.   —

16° La petite fille aux oiseaux.   —

17° L'écolier français.   .   —

18° Le petit chaperon rouge.   —

19° Hymne de l'enfant à son réveil. Claude Augé, chez Larousse.

20° Ronde du couvent.   —

Cours supérieur

I⁽ᵉʳ⁾ TRIMESTRE

Notes: Noms et formes, ronde, blanche, noire, croche, etc. Valeur de ces notes par rapport à la ronde. *Mesures*: mesures à 2 temps, à 3 et 4 temps. Barre de mesure. Manière de battre la mesure. Clef de sol. Faire solfier la gamme et l'accord parfait à 2, à 3 et à 4 temps en variant le mouvement. Étude de trois morceaux de chant avec le cours moyen.

2ᵉ TRIMESTRE

Lecture rythmique de quelques exercices élémentaires. Notes pointées. Ce qu'indique le point après une note. Exercices relatifs à ces notes. Mouvement et nuances: reprises, renvois, point d'orgue. Principaux termes italiens employés.

Étude de trois morceaux nouveaux avec le cours moyen.

3ᵉ TRIMESTRE

Silences : Pause, demi-pause, soupir, etc. Signes qui les représentent; leur place. Exercices de solfège relatifs à ces signes. Signes altératifs : dièze, bémol, bécarre.

Étude de trois nouveaux morceaux de chant avec le cours moyen.

4ᵉ TRIMESTRE

Révision générale des notions théoriques et répétition des chants appris dans les trimestres précédents.

Voici une liste de morceaux que nous donnons à titre d'indication :

1° La libellule, chœur à deux voix, lyre des écoles 2ᵉ partie.

2° La marche des gymnastes, manuel Gauthier.

3° Souviens-toi de ton pays.   id.

4° Gloire aux aïeux, petits chants par Comte.

5° Marche scolaire alsacienne, Claude Augé, chants de l'enfance.

6° Le postillon, Claude Augé.

7° Barcarole,   id.

8° Le défilé du régiment, Claude Augé.

9° Le remouleur,   id.

10° La marseillaise, à une ou à deux voix selon l'aptitude des enfants, édition Marguerital, boulevard Bonne-Nouvelle à Paris.

11° Mourir pour la patrie, chant français, chez Eugène Weill et Georges Maurice, boulevard Saint-Germain, 179 Paris.

12° Honneur aux enfants de la France, chez Eugène Weill et Georges Maurice, boulevard Saint-Germain 179, Paris.

13° Le moulin, Marmontel, 1ʳᵉ année de musique.

14° Chœur des soldats de Faust,   id.

15° Aux champs l'aurore nous appelle, de Faust, Marmontel, 1ʳᵉ année de musique.

Recommandations importantes. — Pendant les leçons de chant, les enfants seront debout, la tête droite; ils ouvriront suffisamment la bouche en chantant, éviteront de serrer les dents et de *crier*, emploieront la voix de tête au lieu de la voix de poitrine dans les notes élevées. On ne choisira pas de morceaux écrits en dehors des limites naturelles de la voix de l'enfant. On donnera toujours le ton avant de chanter un morceau, à l'aide du diapason normal. Les paroles des morceaux à chanter seront écrites au tableau noir. Les exercices avec mouvement se feront en chantant.

Nota. — A la suite d'un concours ouvert par la *Correspondance générale*, la librairie Hachette va publier un *Recueil de chants scolaires* qui paraît devoir répondre à tous les besoins de l'enseignement du chant à l'école.

EDUCATION MORALE

Enseignement moral

CONSEILS ET DIRECTIONS

L'importance ou plutôt la prééminence que doit prendre *l'éducation morale* à l'école — nettement établie par le règlement du 18 janvier 1887 — s'accuse aujourd'hui et de plus en plus avec une irrésistible évidence.

Avant tout, nous ne saurions trop recommander aux instituteurs de lire et de méditer avec le plus grand soin, pour s'en inspirer dans leur enseignement, les instructions officielles ; c'est le plus sûr moyen de rendre vaines tant de controverses et tant de critiques qui se produisent au sujet de l'éducation morale de nos écoliers. Nous renvoyons, d'autre part, aux directions qui ont été données, pour la méthode à suivre, dans les *Bulletins départementaux* de 1893 (n° 5) et de 1894 (n° 1 et 3) et dans les deux sessions des *Conférences pédagogiques* en 1894.

Les principes essentiels qui doivent animer et vivifier cet enseignement, le maître les trouvera dans ces mêmes programmes officiels — il n'a rien à y ajouter, rien à en retrancher ; tout au plus, pourra-t-il intervertir l'ordre des termes, et placer en tête de la morale la notion de Dieu, en faisant « comprendre et sentir à l'enfant que le premier hommage qu'il doit à la divinité, c'est l'obéissance aux lois de Dieu telles que les lui révèlent sa conscience et sa raison. » N'aura-t-il pas ensuite satisfait à toutes les exigences s'il s'applique à développer dans l'âme de l'enfant « les notions fondamentales de la morale éternelle et universelle », si, s'appuyant « sur cette bonne et antique morale de nos pères », il cherche à inspirer aux enfants des sentiments élevés « le culte général du vrai, du beau et du bien, l'amour de la famille, de la patrie et de ses semblables, la passion du devoir, quelques efforts qu'il coûte, et le sentiment de la responsabilité personnelle ». Enfin, s'il a mis dans son enseignement tout son cœur, s'il a parlé avec une conviction émue et une chaleur communicative, « s'il a surveillé d'une façon pratique et paternelle le développement moral de ses élèves » il aura rempli son rôle d'éducateur, et, si les résultats ne répondent pas à ses efforts, il ne faudra en rendre responsables ni le maître ni les programmes.

Nous rappelons aux instituteurs les traits essentiels et la méthode qui leur a été précédemment recommandée :

1° Faire deux ou trois leçons de morale par semaine, le programme ayant été préalablement divisé en autant de leçons que le comporte la fréquentation scolaire.

2° Les leçons auront été soigneusement préparées et la préparation consignée en substance sur un carnet spécial.

3° Chaque leçon sera donnée sous la forme d'un entretien familier, dans lequel les élèves interviendront le plus souvent possible.

4° Elle sera accompagnée de lectures (de préférence des lectures de poésies) de récits, enfin d'exemples empruntés à l'histoire générale ou locale, à la littérature classique ou contemporaine, à la vie journalière ou au compte-rendu des prix de vertu décernés par l'Académie française.

5° Le résumé de chaque leçon qui enfermera presque

toujours une sentence, une maxime, sera écrit au tableau noir, copié par les élèves (autant que possible sur un cahier spécial) et appris par cœur pour la leçon suivante.

6° On donnera assez fréquemment des devoirs à faire, des morceaux de prose ou de vers à apprendre, sur des sujets se rapportant aux leçons de morale.

Enfin, la méthode, quelle qu'elle soit, ne saurait valoir par elle-même ; il y a obligation, pour le maître, de *croire* et de *vouloir* : croire à l'efficacité de son action morale et avoir le ferme dessein d'être, au sens le plus large du mot, un *éducateur*.

Cours élémentaire

La famille. — Entretiens familiers; bienfaits de la famille; un mot sur la famille autrefois (mœurs barbares). Les orphelins. Lectures sur les enfants abandonnés. Devoirs des enfants envers leurs parents : amour, obéissance, respect, reconnaissance; dévouement filial (exemples). — Devoirs des frères et des sœurs entre eux : amitié, assistance, protection, action de l'exemple. Récits historiques ou fictifs. — Les grands parents. — Devoirs envers les grands parents. — Devoirs envers les serviteurs : justice, bienveillance, politesse. — Ne pas se moquer des idiots, des fous, des estropiés. — *L'école.* Le devoir d'aller à l'école : instruction, éducation, exactitude, assiduité, docilité, travail. Devoirs envers le maître : affection, obéissance, respect, reconnaissance. —

Etre bons, complaisants, francs vis-à-vis de ses camarades.
Révision des leçons qui précèdent.

La patrie. — La France, sa grandeur, il faut l'aimer de tout son cœur et travailler à sa prospérité. Exemples de patriotisme : Jeanne d'Arc, d'Assas, Bara, Viala, Denfert-Rochereau, Mlle Dodu, Gambetta. Il faut obéir aux lois de sa patrie: se préparer au métier de soldat: prendre des habitudes d'ordre, de discipline ; bien travailler en classe, à la maison. Impôts: tous les citoyens y sont soumis.
La Société. — Bienfaits de la société, avantages matériels, avantages moraux ; histoire de Robinson Crusoë. Justice et charité. Respect de la vie d'autrui. Respect de la propriété. Vol. — Bonté, bienfaisance, fraternité. Il faut soulager les pauvres,

Cours moyen

La famille. — Définition. L'union dans la famille. Liens indissolubles qui unissent tous ses membres. Amour, travail, plaisirs, souffrances. La famille autrefois et aujourd'hui. Portrait d'une famille modèle. La famille est nécessaire à l'enfant ; soins que réclame sa faiblesse : nourriture, vêtements, douceur, tendresse, éducation. — Le père, sa mission, ses soins. La mère, son dévoûment. Vide laissé par le décès du père ou de la mère.
Les orphelins. Peindre leur situation malheureuse.
La charité publique. Les orphelinats.
Devoirs envers les parents. Amour filial, reconnaissance. Actes d'héroïsme auxquels donne lieu l'amour filial. Obéissance et respect. Pourquoi les enfants doivent obéir à leurs parents. Sentiment de notre infériorité. Conséquences de la désobéissance. Vieillesse, infirmités, maladies ; soins à donner à nos parents âgés. Ingratitude. (Tel père, tel fils). La loi française. Les frères et les sœurs. Devoirs réciproques. Besoin d'avoir des amis. Amour, union. Eviter l'égoïsme ; il dessèche le cœur ; la jalousie ; protéger les plus jeunes ; être indulgent, tolérant, patient, éviter les querelles : leur donner le bon

exemple. Les aînés remplacent les parents : les plus jeunes doivent obéir à leurs aînés. Rôle de la jeune fille dans le ménage.
Les grands-parents : les aimer, les respecter, leur obéir, être prévenants, leur réserver la première place. Lectures à l'appui.
Traiter les serviteurs avec douceur ; c'est une lâcheté que de les faire souffrir.
L'Ecole. — Importance de l'instruction et de l'éducation. Conséquence de l'ignorance. L'instruction à l'étranger. Assiduité. Conséquences de l'école buissonnière. Le maître, représentant de l'autorité paternelle. Devoirs envers le maître : affection, obéissance, respect, reconnaissance. Observer la discipline qui favorise le travail. Etre bon pour ses camarades ; les obliger avec désintéressement, les aider, se montrer patient : ne pas rapporter, être indulgent pour leurs petits défauts.
Révision des leçons du 1ᵉʳ trimestre.

La Patrie. — Définition, c'est une grande famille, nous devons travailler à sa grandeur et à sa prospérité. Le drapeau, personnification de l'honneur et de la gloire de la patrie. Respect dû au drapeau. Le patriotisme, exemples historiques nombreux de patriotisme: Vercingétorix, J. d'Arc, Duguesclin, Bayard, d'Assas, Bara, Viala, Marceau,

les malheureux. — Tolérance. Respecter l'opinion des autres.

Révision des leçons se rapportant à la Patrie et à la Société.

3ᵉ TRIMESTRE

Devoirs envers soi-même : propreté, sobriété et tempérance ; dangers de la gourmandise ; les mauvaises compagnies. — Préjugés et superstitions, ne pas croire aux sorciers, à l'influence de certains nombres ; le mensonge ; la vérité, première des vertus ; amour du beau, du bon et du juste. La modestie : dangers de la colère : le courage dans le péril et le malheur. L'ignorance et la paresse ; leurs tristes conséquences.

Les animaux ; les traiter doucement. Ne pas les faire souffrir inutilement. Ne pas détruire les nids d'oiseaux. *Société protectrice des animaux.*

Hoche, etc. — Pas de chauvinisme. La Patrie comme la famille n'est pas toujours heureuse. — 1870. — La France, néanmoins, s'est toujours relevée de ses malheurs. — Devoirs envers la patrie. — Obéissance aux lois. Impôts ordinaires. — Impôt du sang. Les lâches seuls se dérobent à ce dernier impôt. La guerre, le plus grand des fléaux. On doit se montrer généreux après la victoire.

La Société. — Avantages matériels et moraux. L'homme isolé. Robinson dans son île. — Devoirs généraux pour rendre possible le fonctionnement d'une bonne société. Justice et charité. (Développer.) Respect de la vie du prochain, de sa liberté. Esclavage, servage. Respect de la propriété. Le vol. Probité, équité, loyauté, délicatesse. — La contrebande et le braconnage. Voler l'Etat, c'est réellement voler. Respect de la réputation d'autrui. Jugements téméraires, calomnie, médisance, diffamation. Respect de la parole donnée. Exemples : Régulus. Turenne, Haudaudine de Nantes. La charité, bonté, bienfaisance, fraternité, générosité, dévoûment civil et militaire. Héroïsme, désintéressement, tolérance politique et religieuse.

Révision trimestrielle.

Devoirs envers soi-même. — Le corps et l'âme. Union intime du corps et de l'âme. Une âme saine dans un corps sain. Santé, hygiène, propreté, son influence. Sobriété, tempérance, dangers de l'ivresse et des excès de table. Abus du tabac, de l'alcool. Les mauvaises compagnies. Gymnastique, ses bienfaits. Le travail, ses effets. L'oisiveté, ses conséquences : ennui, désordre, ruine. L'économie : éviter les dettes, le jeu, l'avarice, la prodigalité. Conseils du *bonhomme Richard*. Véracité. La société repose sur cet accord tacite que chacun parle avec sincérité. Le mensonge est une lâcheté. Modestie, apprendre à connaître ses défauts et s'en corriger. Eviter l'orgueil, la colère, la frivolité. Courage dans l'adversité et le péril, la prudence, la persévérance. Préjugés, superstitions, ne pas y croire, l'ignorance seule les entretient. La vérité, première des vertus. La recherche de la vérité est un devoir.

Devoirs envers les animaux. Les traiter avec douceur. Ne pas les faire souffrir inutilement. Respecter les nids d'oiseaux. Loi Grammont (2 juillet 1850). Sociétés protectrices des animaux. Les services qu'elles rendent.

Révision trimestrielle.

La nature. L'univers : la terre, la mer, le soleil, la lune, les étoiles, les planètes. Beautés incomparables. Dieu infini et parfait, auteur de toutes choses. Croyances générales à Dieu. Respect des croyances religieuses.

Révision trimestrielle suivie d'une révision générale.

La nature et l'univers. Dieu, cause première et parfaite de tout ce qui existe. Le
sentiment religieux commun à tous les
peuples. Les diverses religions, un mot à ce
sujet. Respect de la croyance religieuse
d'autrui. Tolérance. La conscience. Le bien
et le mal. La responsabilité.

Révision générale.

Cours supérieur

Le programme de morale sera le même que dans le cours moyen. Dans les rares écoles du département où ce cours existe et où un maître spécial en est chargé, le premier semestre de l'année scolaire suffira pour parcourir le programme ci-dessus. Dès le mois d'avril on pourra développer les notions suivantes :

3ᵉ TRIMESTRE

Principes généraux de la morale. L'univers. Lois de la nature. L'âme et la volonté humaine. La liberté. La conscience. La responsabilité ; ses éléments : *conscience*, discernement du bien et du mal. *Liberté morale*, ou pouvoir de vouloir. Le droit et le devoir. Satisfaction que procure le devoir accompli. Lois écrites et loi morale. Le code et la conscience. Sanction des lois écrites. Sanction de la loi morale. Le bien. La dignité humaine. Le désintéressement. L'immortalité et Dieu. Devoirs de justice et devoirs de charité. Différence qui les caractérise. Formules qui les résument : 1° Ne fais pas à autrui... ; 2° Fais à autrui ce que...

Révision trimestrielle.

4ᵉ TRIMESTRE

Droits de l'homme. Liberté de travail, liberté d'association, liberté individuelle, liberté de conscience. — La souveraineté nationale est la garantie de la sécurité de tous. Le vote. Il est moralement obligatoire. Il doit être éclairé. Nécessité de s'instruire. Obéissance aux lois. Devise républicaine · Liberté, Egalité, Fraternité.

Révision générale.

www.ingramcontent.com/pod-product-compliance
Lightning Source LLC
Chambersburg PA
CBHW052156090426

42741CB00010B/2286